누구나
쉽게 배우는
쉬운 기도

누구나 쉽게 배우는 쉬운 기도

저자 이대희

초판 1쇄 발행 2013. 8. 6.
개정판 1쇄 발행 2017. 5. 2.
개정증보판 1쇄 발행 2022. 6. 22.
개정증보판 5쇄 발행 2024. 6. 20.

발행처 도서출판 브니엘
발행인 권혁선

책임교정 조은경
책임영업 기태훈
책임편집 브니엘 디자인실

등록번호 서울 제2006-50호
등록일자 2006. 9. 11.

서울특별시 송파구 백제고분로28길 25 B101호 (05590)
마케팅부 02)421-3436
편집부 02)421-3487
팩시밀리 02)421-3438

ISBN 979-11-90308-76-2 03230

독자의견 02)421-3487
이메일 editorkhs@empal.com

북카페 주소 cafe.naver.com/penielpub.cafe
인스타그램 @peniel_books

도서출판 브니엘은 독자들의 원고를 설레는 마음으로 기다리고 있습니다.
위의 이메일로 간단한 기획 내용 및 원고, 연락처 등을 보내주십시오.

도서출판 브니엘은 갓구운 빵처럼 항상 신선한 책만을 고집합니다.

[초신자와 기도 초보자를 위한 쉬운 기도여행]

누구나
쉽게 배우는
쉬운 기도

이대희 | 지음

브니엘

기도 응답의 축복 속으로

어린아이가 막 태어나 엄마 품속에서 옹알대면서 자라는 모습을 본 적이 있을 것이다. 점차 시간이 지나면서 어린아이는 엄마와 친밀한 대화를 나누게 된다. 예수님을 영접한 그리스도인도 영적 아버지인 하나님과 대화하면서 자라게 된다. 그 대화가 바로 기도이다. 그렇다면 어떻게 하면 하나님과 대화하듯 편안하고 쉽게 기도할 수 있을까? 이 책은 이 물음에서 비롯되었다. 기도를 어렵다고 생각하는 사람들에게 친밀감을 갖고 쉽게 기도하는 법을 터득할 수 있도록 도움을 주고자 이 책이 쓰였다. 그러나 꼭 한 가지 기억해야 할 것이 있다. 그것은 처음에는 대화가 쉽게 이루어지는 듯하지만 시간이 지나고 영적으로 더 성숙해지면서 대화의 수준 또한 점점 더 깊어진다는 것이다.

인간이 하나님을 알아가는 것은 결코 쉽지 않은 여정이기에 기도 역시 처음에는 쉽게 시작하지만 그렇게 쉬운 일이 아님을 경험을 통해 배우게 된다. 이것은 기도를 쉽게 시작한다고 해서 절대 쉽게 보아서는 안 된다는 사실을 의미한다. 그것은 앞으로 나아갈수록 그만큼 기도의 깊이는 인간이 측량할 수 없이 깊고 오묘하기 때문이다. 여기서 "기도가 쉽다"는 것은 하나님의 은혜에 기인한다는 의미에서 붙여진 설명이다. 우리의 기도는 하나님이 주신 선물로써 전적으로 인간의 노력이 아닌 성령님의 도움으로 하는 기도이다.

이 책은 이제 갓 예수님을 믿고 신앙생활을 시작한 초신자와 오랫동안 교회생활을 했음에도 아직 기도의 참맛을 느끼지 못한 채 여전히 기도를 힘들어하는 기도 초보자, 좀 더 깊이 있는 기도생활을 하고자 하는 성도들을 위해서 쓰였다.

우리 주 예수 그리스도를 영접한 사람은 제일 먼저 하나님께 기도하는 법을 배워야 한다. 믿음은 기도를 통해서 자라간다. 기도생활은 믿음의 성장에 중요한 필수요건이다. 얼마나 빨리 기도생활에 유익을 느끼는가에 따라 하나님을 알아가는 정도가 결정된다. 예수님을 주님으로 영접했다면 이제는 나의 주인이신 주님과 대화하는 법을 배워야 하고, 그런 삶에 점차 익숙해져야 한다. 특히 어떻게 기도해야 할지 몰라 주저하는 초신자들에게 이 책은 좋은 지침을 제공할 것이다.

또한 교회생활을 오랫동안 했음에도 기도에 관해 힘들어하는 사람들이 많다. 예를 들면 다음과 같은 사람들이다.

- 기도의 중요성을 깨닫지 못하는 사람
- 기도가 힘들다고 쉽게 싫증을 느끼는 사람
- 기도시간이 지겹게 여겨져 10분을 넘기지 못하는 사람
- 기도가 삶의 우선순위가 아니라 여러 가지 일 중의 하나라고 생각하는 사람
- 기도의 필요성을 느끼기보다는 의무로 생각하는 사람
- 기도하는 것을 고통스러운 짐으로 여기는 사람
- 급할 때 돈을 꺼내는 통장처럼 기도를 복받는 도구로 생각하는 사람
- 기도를 자신의 감정 표출이나 한풀이 수단으로 여기는 사람
- 언제나 위로의 기도만 바라는 사람
- 평소에 기도하기보다는 필요한 때만 기도하는 사람
- 기도의 맛과 재미를 아직 느끼지 못한 채 다른 사람들의 눈치를 보는 사람
- 사람들 앞에서 기도하면 떨리고 말문이 막히는 사람
- 체면이나 형식, 습관에 따라 아무 생각 없이 기도하는 사람
- 기도한 후에도 마음이 답답하고 별다른 느낌이 없는 사람
- 억지로 기도하거나 마지못해 다른 사람을 따라 기도하는 사람

- 기도할 때 영이신 하나님의 임재를 경험하지 못해 무엇을 말해야 할지 막막한 사람
- 기도에 관한 책을 거의 보지 않으며, 또한 더 나은 기도에 관해 연구하지 않는 사람
- 기도회에 참석하거나 기도원에 가는 것이 힘든 사람

당신은 위의 항목 중에 어디에 해당한다고 보는가? 이 책은 그런 당신에게 도움을 줄 것이다. 위의 사항을 점검해보면 뜻밖에 자신이 기도의 기초가 부족하다는 사실을 알게 될 것이다. 지금이라도 다시 기도를 배우는 심정으로 기도의 기본자세를 하나씩 훈련해보자. 좋은 결과가 있을 것이다. 여기에 나오는 것들은 기도의 기본이다. 우리가 알아야 하는 모든 것은 기본에 들어 있다. 아무리 어려운 내용을 말한다 해도 그것은 기본적인 것을 벗어나지 않는다. 기본적인 내용만 잘 알면 그것을 기초로 깊은 경지에 들어갈 수 있다.

기도도 마찬가지다. 기본적인 내용을 묵상하면 그 안에 기도의 해답이 다 들어 있다. 기본을 벗어난 새로운 것은 없다. 기도에 대한 기본적인 내용을 잘 묵상해보면 깊고 오묘한 비밀을 발견하게 된다. 정말 기도의 능력을 체험하고 싶은가? 그렇다면 지금부터 기도의 기본기를 튼튼히 다지라. 무엇이든지 기본기가 되어 있지 않으면 더 높게 도약할 수 없다. 그렇게 오래 기도함에도 기도가 힘들고, 기도의 깊은 샘물을 경험하지 못하는 이유는 기도의 기본기가 약하기 때

문이다. 성경을 떠난 기도에 관한 오해와 잘못된 기도의 습관들이 내 속에 자리 잡고 있으면 그것이 앞으로 나아가는 데 늘 걸림돌이 된다는 사실을 기억하라.

이 책의 2부에는 다양한 기도의 실례를 실어서 당신의 기도생활에 도움을 주고자 하였다. 기도는 이론이 아닌 실제이다. 기도는 기도함으로써 생활 속에서 배우게 된다. 언어에 대해 이론을 잘 안다고 해서 말을 잘하는 것이 아니다. 언어는 이론이 아닌 실제이다. 마찬가지로 기도에 관한 이론을 많이 안다고 해도 기도의 실제를 배우지 않으면 기도하기가 어렵다. 그렇기에 기도는 기도하면서 배워야 한다. 기도는 이론이 아니고 실제적이기 때문이다.

계속해서 기도하는 삶을 살아야 한다. 이런 면에서 상황에 따른 다양한 기도문은 실제로 많은 도움을 줄 것이다. 때때로 우리에겐 기도의 골방이 필요하다. 하지만 더 좋은 기도생활은 우리의 모든 생활이 기도가 되어야 한다. 매 순간 우리의 영혼을 바르게 조율하여 하나님과 이웃을 사랑하는 모습으로 우리의 기도가 성장하고 나아가야 한다. 그러한 당신의 기도생활에 이 책이 조금이나마 도움을 주었으면 한다.

이제 본격적인 기도의 여행을 떠나보자. 기도에 필요한 것을 하나씩 배워 나가자. 이 책은 기도를 필요로 하는 사람에게 도움을 줄 것이다. 이 책을 읽는 중에 기도에 관한 지혜가 그림 조각이 맞춰지듯 하나씩 정리되기를 기도한다. 이 책이 앞으로 당신이 기도생활을 하는 데 기초적인 원리와 실제가 하나로 이어지는 소중한 동반자가 되기를 소망한다. 하나님과 영으로 대화하는 기도시간은 당신이 세상에서 받은 축복 중 최고의 축복이다. 하나님 앞으로 가까이 나아가는 친근한 도우미로 이 책이 사용된다면 더는 바랄 것이 없겠다.

글쓴이 이대희

우리가 기도를 생각할 때 가장 먼저 떠올려야
할 것은 말씀이다. 기도와 말씀은 동반관계이다.
기도는 우리로 하여금 하나님의 말씀인
성경에 이르게 하고, 하나님의 말씀은
우리로 하여금 기도하게 만든다.

무엇이든지 어렵다고 생각하면 미리 포기한다.
그러나 쉽다고 생각하면 도전하게 된다.

:
:

응답의 기쁨을 누리는 쉬운 기도 여행

그리스도인 중 많은 사람이 기도를 어려워한다. 쉽게 기도할 수 있을 것 같은데, 막상 해 보면 기도가 그렇게 만만치 않다는 것을 한 번쯤 경험했을 것이다. 그렇다면 쉬우면서도 어려운 기도를 어떻게 하면 삶에 쉽게 적용할 수 있을까? 물론 기도가 쉽다고 해도 절대 쉬운 일이 아니다. 사람들과 대화하는 일이 가장 쉬운 것 같지만 사실 대화처럼 어려운 일도 없지 않은가? 어려운 난관에 부딪히면 그 사람과 도저히 대화가 안 된다고 푸념할 때가 있다. 아무리 대화를 시도해보아도 결국 거절당하고 갈라서는 경우가 허다하다. 대화가 안 되니까 화를 내고, 주먹다짐을 하고, 감정이 상해 서로 법정까지 간다.

사실 이 모든 것은 대화에서 비롯된 일이다. 대화가 잘되는 사람보다 대화가 안 되는 사람이 더 많다. 기도도 마찬가지다. 쉽게 기도할 수 있지만 그렇다고 기도가 절대 쉬운 일은 아니다. 한 번 기도하기는 쉬워도 계속해서 기도하기란 더욱 어렵다. 그럼에도 우리는 "기도를 쉽게 할 수 없을까?"라는 질문을 자주하게 된다. 그 방법이 있다면 먼저 기본기를 잘 다지는 것이다. 무슨 일이든지 기본기가 잘되어 있으면 일이 잘 풀린다. 처음에 관계가 잘 설정되면 어려운 문제도 쉽게 풀리듯 말이다. 기도도 처음부터 기본기를 잘 다지면 훨씬 쉽게 기도할 수 있다.

그렇기에 이 책 1부에서는 기도의 걸음마와도 같은 기도의 기본기를 통해 기도 응답의 기쁨을 누리는 방법을 안내할 것이다. 우리는 배우지 않고 그냥 기도하는 경우가 많았다. 그러다 보니 기도를 하면 할수록 점점 더 어려워졌다. 특별히 기도에 대한 올바른 성경적인 지침을 배우지 못하고, 기도하는 다른 사람들을 통해서 그저 그렇게 익혔기 때문이다. 말을 그냥 하면 되지 하고, 그냥 하고 싶은 대로 하다 보면 대화가 점점 어려워지는 것과 같은 이치다. 대화도 배워야 한다. 그렇지 않으면 자기 이야기만 하는 이기적인 사람이 되고 만다.

그러므로 우리는 기도에 대해서 먼저 배워야 한다. 성경을 통하여 기도의 원리와 방법을 공부해야 하는데, 그동안 우리는 이것을 무시해왔다. 특히 한국교회 안에서는 이런 현상이 더욱 두드러졌다. 오랫동안 전통적으로 기도하는 모습을 유지한 채 기도하다 보니 비

기독교적인 기도가 많았고, 결국은 이것이 기도를 어렵게 하는 걸림돌이 되었다. 많은 사람이 그냥 무조건 아뢰고 구하는 식의 기도만 드리는 것도 기도에 대해서 올바로 배우지 못했기 때문이다. 다른 사람들은 상관하지 않고 자기 말만 하는 사람처럼 우리의 기도도 하나님과 무관하게 그냥 내 마음대로 내뱉는 경우가 많았다. 이 모든 것이 기도의 기본기가 올바로 다져지지 않았기 때문에 나타난 현상이다.

무엇이든지 어렵다고 생각하면 미리 포기한다. 그러나 쉽다고 생각하면 도전하게 된다. 여기 기도를 쉽게 할 수 있는 몇 가지 방법을 안내하려고 한다. 당신은 이 책에서 제시하는 기도 여행을 함께하면서 점차 쉬운 기도의 방법을 익히게 될 것이다. 쉽고 편안한 기도, 그러면서도 점점 더 깊이 있는 기도의 은혜 속으로 나아간다면 얼마나 좋을까? 이런 일이 이 책을 읽는 당신에게 일어날 것이다. 자, 그럼 함께 기도 여행을 떠나보자. 한 걸음씩 나아가면서 점점 당신의 기도가 응답되는 놀라운 은혜를 경험하게 될 것이다.

그리스도인들이 신앙생활을 하면서 힘들어하는 것 가운데 하나가 기도이다. 기도생활에 성공하기 위해서는 먼저 성경에서 말하는 참된 기도를 배워야 한다. 무조건 누가 하는 대로 따라서 기도하다 보면 기도의 형태만 배우게 되고, 잘못하면 하나님이 원하시는 기도가 아닌 다른 종교나 자기식의 기도를 하게 될 위험이 있다. 이런 기도에 익숙해지다 보면 감정의 표출이나 한풀이식 기도로 변질될 수 있고, 기도가 종교적인 행위로 전락할 수도 있다. 그러므로 관습적으로 생각했던 기도에서 벗어나 성경에서 말하는 기도를 배우면서 기도의 진정한 의미를 찾는 작업이 선행되어야 한다.

그동안 우리에겐 자신도 모르게 잘못된 이교적인 기도 습관이 배어 있었기에 그것을 하루아침에 고치기란 쉽지 않다. 그러므로 그동안 가졌던 선입관이나 고정관념을 일단 접어두고, 성경에서 말하는 기도를 공부해야 한다. 주님이 가르쳐주신 기도에 초점을 맞추어 점차 그런 기도를 드려야 한다.

이를 위한 첫 번째 여정은 기도의 바른 정의를 내리는 것이다. 기도의 정의를 바로 안다는 것은 기도의 토양을 잘 정리하는 것과도 같은 중요한 기초 작업이다. 기도의 정의가 바르게 설정되지 않으면 기도가 전혀 다른 방향으로 나갈 수 있다. 특히 초신자들은 성경이 이야기하는 기도의 모습을 살펴보면서 기도에 관한 정의를 새롭게 정리할 필요가 있다. 형식에만 급급한 나머지 다른 사람들의 기도 모습만 보고 무조건 흉내 내다 보면 부르는 대상만 하나님일 뿐 방법은 세상적인 기도의 형태를 따를 수 있다. 그것은 나중에 기도를 더욱 힘들게 하는 요인이 되고, 좀처럼 고치기 어려운 일이 된다. 많은 경우 기도를 열심히 하면서도 잘못된 방향으로 나가는 것은 첫 단추가 잘못 끼워졌기 때문이다. 그러므로 우리는 다음에 나오는 기도의 정의를 올바로 인식하고 정리해둘 필요가 있다.

기도는 영의 일이다.

하나님은 영이시다. 기도는 영이신 하나님과 교제하는 일이다. 인간과 교제하는 것이 아니다. 하나님은 영이시기에 우리의 눈에 보이지 않는다. 육신의 눈으로는 하나님을 볼 수가 없다. 영이신 하나님은 영으로 보아야 한다. 하나님의 영을 느끼려면 우리 안에 있는 영이 새로워지고 살아나야 한다. 동물에게는 영이 없다. 오직 사람에게만 영이 존재한다. 태초에 하나님이 인간을 만드실 때 하나님의 살아 있는 영을 우리에게 불어넣어 주셨다(창 2:7). 우리는 그 영을 통해 영이신 하나님을 만날 수 있다. 이런 영적 교제를 기도라고 한다. 기도는 오직 인간만이 할 수 있다. 동물은 기도할 수 없다. 기도는 인간에게만 주신 하나님의 특권이다. 인간은 태생적으로 기도하는 존재이다.

우리가 기도하려면 먼저 하나님의 영이 우리에게 다가오셔서 우리의 죽은 영이 새롭게 태어나야 한다. 이것을 우리는 '거듭남' 또는 '중생'이라고 말한다. 태초에 하나님이 숨(영)을 불어넣어주셔서 인간이 생령이 된 것처럼 우리가 다시 예수님을 믿음으로써 하나님을 아버지로 고백하는 영으로 새로 태어나는 구원의 과정이 일어나야 한다. 그 순간부터 인간에게는 하나님의 영이 임하셔서 하나님과 영으로 교제할 수 있게 된다. 기도는 내 힘으로, 내 의지로 하는 것이 아니라 영(성령)으로 하는 것이다. 내 안에 있는 성령을 얼마나 의지하느냐에 기도의 성공 여부가 달려 있다. "내가 영으로 기도하고 또 마음으로 기도하며 내가 영으로 찬송하고 또 마음으로 찬송하리라" (고전 14:15).

기도는 영적인 사귐이다.

기도는 하나님과 교제하는 일이다. 기도는 하나님과의 사귐이다. 영이신 하나님과 사귀는 일이 기도이다. 그렇다면 어떻게 기도해야 하는지 그 해답이 나온다. 여기에서 사귐은 인격적인 교제를 의미한다.

우리가 누군가를 사귈 때 어떤 사람을 선택하는가? 가능한 한 나보다 더 훌륭하고 좋은 사람을 선택해서 그 사람을 만난다. 그 이유는 그 사람과 사귐을 통해 얻는 유익이 있기 때문이다. 경제적인 유익도 얻을 수 있고 마음과 정신적인 위로도 받을 수 있다. 또 많은 인생 경험을 배울 수도 있고 상대방의 존경스러운 인격을 닮아가는 과정이 될 수도 있다. 사귐에서 얻어지는 유익은 셀 수 없을 정도로 많다. 또한 그 사귐의 대상이 누구인가에 따라 그 모습도 다양해진다. 그래서 우리는 가능한 한 좋은 사람을 만나 사귀려고 한다. 좋은 사람은 그 사람과 있는 것 자체로도 즐겁고 행복하다. 그 사람을 통해 다른 것을 기대하기보다 그 사람 자체를 좋아한다. 이것이 우리가 흔히 갖기 원하는 좋은 사귐의 모습이다.

우리가 영이신 하나님과 사귀는 것은 어느 누구와 사귀는 것보다도 귀한 일이다. 세상에서 가장 소중한 분을 한 분 꼽으라면 하나님이신 예수님이다. 그분은 나를 위해 십자가에서 죽으셨기 때문이다. 나를 살려주시고 영원히 하나님과 거하게 해주셨다. 그분은 나를 만드시고 세상을 창조하신 태초 전부터 계신 분이다. 이런 분과 사귐을 갖는다는 것은 생각만 해도 설레는 일이다. 이런 분이 나의 교제대상이 된다는 것은 행복한 일이다. 이런 분을 마음에 모셔 들인 상황에서 그분과 사귀는 것은 너무나 당연한 일이다. 우리는 그 사귐을 기도라고 말한다. 기도는 전 삶의 모습이다. 입으로만 사귀는 것이 아니라 전인격적인 사귐을 의미한다.

기도는 영적인 대화이다.

기도는 한마디로 하나님과 친밀하고 진지하게 대화를 나누는 것이다. 우리가 기도를 이렇게 이해하면 기도가 그렇게 부담스럽지 않고 어렵게 여겨지지 않을 것이다. 그러나 우리는 그동안 대화로서의 기도보다는 혼자 말하는 독백으로서의 기도에 익숙해져 있다. '기도' 하면 혼자 중얼거리듯이 몇 시간씩 부르짖고, 주문을 외우듯이 기도하는 모습을 연상한다. 그것은 우리가 하나님을 믿기 오래전부터 우리의 문화 속에서 그와 같은 형태의 기도를 보아왔기 때문이다. 우리도 모르게 각인된 잘못된 기도의 모습들은 특별한 수행자만의 기도나 위기나 긴급한 문제가 생겼을 때 하는 기도만을 떠오르게 하였다. 그 때문에 기도가 지루하고 따분하며, 고행하는 것과 같은 모습으로 다가왔기에 기도가 어렵다는 생각을 하게 되었다. 또한 일상생활과 격리된 고요한 산속에서 기도하는 모습을 연상함으로써 기도는 특별한 장소에서 하는 것처럼 이해하고 있는 것이 일반적인 현실이다.

그러나 하나님과 마음으로 주고받는 대화로서의 기도를 생각해보자. 분명히 기억할 것은 기도는 독백이나 자기 치료가 아니라는 점이다. 기도는 우리 자신에게 말하는 것이 아니다. 또한 다른 사람들에게 말하는 것도 아니다. 기도는 우리를 위해 이 땅에 오신 주님과 만나는 일이요, 이 세상을 창조하고 나를 구원하신 하나님과 대화하는 것이다. 그렇기에 어떤 대화보다도 솔직하고 진솔해야 한다. 오늘도 하나님과의 이런 만남을 기대하면서 그분과 대화를 나누는 기도를 해보자. 세상에서 제일 행복한 대화로 하나님과 교제를 나눠보자.

대화하려면 이야기가 있어야 한다. 이야기가 풍부하면 대화가 자연스럽게 이어진다. 대화가 잘되지 않는 이유는 이야기가 빈약하기 때문이다. 실제로 많은 이야깃거리를 가진 사람과 대화를 나누면 대화가 잘된다. 특히 그 이야기가 유익하고 좋은 것이라면 더욱 힘을 받는다. 하나님의 이야기를 듣고, 나의 이야기를 나누다 보면 시간 가는 줄 모른다. 그 안에 치료와 구원과 희망이 보인다. 이야기를 나누는 사이에 나의 문제가 자연스럽게 해결된다. 누군가와 이야기를 나눈다면 그 시간이 무척 기다려질 것이다. 특히 상대방이 내가 존경하고 사랑하는 사람이라면 더할 나위 없다. 우리가 하나님께 기도하는 그 시간 역시 설레는 시간이 되어야 한다. 하나님은 누구에게도 말할 수 없는 우리의 눈물과 고통의 이야기를 들으실 준비를 하고 계신다.

기도는 하나님과 관계 맺는 일이다.

기도는 하나님과 지속해서 관계를 맺는 것이다. 우리는 기도를 통해 하나님과 친밀한 관계로, 신뢰할 만한 관계로 발전한다. 신앙이 돈독해진다. 기도는 내 욕구를 채우는 것이 아니다. 흔히 '기도'

하면 내가 필요한 것을 말하는 것으로 이해한다. 그러나 기도는 내가 바라고 구하는 것을 넘어 궁극적으로 하나님과 좋은 관계를 유지하는 데 그 목적이 있다. 구하는 것보다 관계에 초점을 두고 기도할 때 우리의 기도는 달라질 것이다.

기도를 통해 무엇을 받으려고 하기보다 하나님과 신뢰 관계를 이룬다면 그보다 더 좋은 기도는 없다. 좋은 관계를 유지하면 하나님은 구하지 않아도 더 좋은 것을 주실 것이고, 구하는 것 이상으로 많은 것을 채워주실 것이기 때문이다. 기도할 때마다 하나님과 좋은 관계를 맺는 데 우선순위를 둔다면 우리의 기도는 많은 부분에서 달라질 것이다. 기도에 임하는 우리의 마음이 편안하게 될 것이며, 바라는 것보다 더 많은 것을 받아 누리게 될 것이다.

기도는 영혼의 호흡이다.

성경은 "쉬지 말고 기도하라"(살전 5:17), "기도에 감사함으로 깨어 있으라"(골 4:2)고 말한다. 이 말은 무슨 뜻인가? 어떻게 사람이 항상 기도할 수 있을까? 어떻게 쉬지 않고 기도할 수 있을까? 우리가 흔히 생각하는 기도, 즉 일정한 때를 정해 놓고 하는 기도와는 사뭇 다른 요구이다.

우리 몸에서 항상 존재하고 쉬지 말아야 할 것은 맥박과 호흡이다. 호흡이 멈추면 그것은 곧 죽음을 의미한다. 즉 호흡은 우리의 생명이다. 호흡이 끊어지면 우리는 죽는다. 그것은 생사를 판단하는 기준이 된다. 그만큼 중요한 것이 호흡이다. 영혼에도 호흡이 있다. 우리는 그것을 기도라고 말한다. 즉 기도는 영적 호흡이다.

쉬지 말고 항상 기도하라는 것은 곧 영혼의 호흡을 하라는 뜻이다. 우리는 기도를 호흡처럼 생각해야 한다. 호흡을 멈추면 안 되듯 기도 역시 멈춰서는 안 된다. 그렇다면 지속적으로 기도하기 위해 어떻게 해야 하는가? 호흡하듯 자연스럽게 기도해야 한다. 다시 말해 모든 생활에 기도가 들어가야 한다. 모든 삶이 기도가 되어야 한다. 호흡이란, 이것을 염두에 두고 한 말이다. 우리는 하나님의 은혜 없이 한순간도 살 수 없다. 호흡이 멈추면 죽듯 우리 또한 하나님의 숨결이 멈추면 죽게 된다.

호흡은 자연스러워야 한다. 강제적인 인공호흡으로 호흡을 유지하는 것은 위험한 일이다. 호흡으로서의 기도는 어떤 특별한 시간에 무언가 기도하고 있다고 의식적으로 느껴지기보다는 자연스러운 일상생활로 여겨지는 기도를 의미한다. 모든 생활이 기도여야 한다. 그래야 항상 기도하는 것이고 쉬지 않고 기도하는 일이 된다. 누구의 기도를 흉내 내서는 안 된다. 내 영혼이 호흡하듯 하나님과 교제하고 자연스럽게 기도가 이루어진다면 나는 지금 호흡으로서의 기도를 하고 있는 것이다.

기도는 하나님과 사랑하는 것이다.

기도는 하나님의 사랑 안에 거하는 것이다. 기도하는 시간은 하나님을 사랑하는 시간이다. 기도는 하나님을 사랑하는 것이다. 하나님을 사랑하는 사람은 기도하게 된다. 그가 지금 정말로 하나님을 사랑하고 있는지를 알려면 기도하는 모습을 보면 된다. 우리가 기도하고 있다는 것은 곧 하나님을 사랑하고 있음을 의미한다.

그렇다면 우리는 어떻게 하나님을 사랑할 수 있는가? 그분의 말씀에 순종하고, 그 말씀을 지키는 것이 곧 하나님을 사랑하는 것이다. 또한 주님과 대화하고, 주님을 영으로 느끼면 그것이 곧 하나님을 사랑하는 것이다.

우리는 하나님과 사랑의 시간을 가져야 한다. 그것이 곧 기도의 시간이다. 우리는 기도하면서 점차 하나님의 사랑을 느끼고 하나님의 사랑을 알아간다. 누군가를 많이 사랑하는 사람을 가만히 지켜보라. 그는 사랑하는 사람을 자주 만나서 그 사람과 함께 얘기를 나누며 같이 있고 싶어 한다. 그런 시간을 갈망한다. 사랑의 정도가 깊을수록 그 시간을 더욱 애타게 기다린다.

기도를 통해 우리는 하나님의 생기를 받아 죽은 영혼이 살아나고 다시 소생하는 것을 경험한다. 기도한다는 것은 무조건 받아주시는 하나님의 큰 사랑을 바라보면서 나아가는 것이다. 기도는 누구든지 회개하면서 우리의 죄를 자백하면 용서하시고, 우리를 깨끗하게 하시는 하나님의 사랑에 우리의 모든 것을 맡기는 것이다. 기도의 부족은 곧 하나님에 대한 사랑의 부족이다. 기도의 충만은 곧 하나님의 사랑의 충만이다.

첫째, 대상
: 기도를 받으시는 하나님

우리의 기도를 들으시는 분은 하나님이다. 기도는 돌이나 나무나 산이나 하늘에 대고 하는 것이 아니다. 그러나 우리는 오래전부터 이런 기도를 해왔다. 지금도 하나님이 없는 사람들은 이렇게 기도한다. 대상이 수시로 바뀐다. 기도의 대상이 다양한 우상의 형태로 옮겨간다. 어떤 때는 조상이 되기도 하고, 돼지 머리가 되기도 하고, 불상이 되기도 한다. 하늘을 향해 빌기도 하고, 바다를 지배한다는 신에게 빌기도 한다.

우리의 기도를 들으시는 하나님은 단순한 신(GOD)이 아니시다. 세상에는 많은 신이 있다. 그러므로 신에게 기도한다고 해서 그것이 곧 성경에서 말하는 그리스도인이 믿는 하나님은 아니다. 그렇게 오해해서는 안 된다. 그 때문에 이스라엘 백성들은 하나님을 다른 신들과 구별하기 위해 '야훼(여호와) 하나님'이라고 불렀다. 언제나 '야훼 하나님'이라는 표현을 사용한 것은 범신론적인 신의 의미가 아닌 세상을 창조하신 그 하나님을 말하고자 함이었다. 우리가 기도할 때 부르짖는 하나님은 우리를 창조하시고 우리를 구원하시고 지금까지 나를 인도하고 책임지시는 하나님 아버지시다. 그렇기에 우리는 기도하는 대상을 바르게 해야 한다. 그렇지 않으면 기도하는 것 자체가 악한 일이 될 수 있고 우상에게 기도하는 일이 될 수도 있다. 이런 점에서 기도의 대상은 매우 중요하다.

기도가 제대로 이루어지려면 일차적으로 나의 기도를 들으시는 하나님에 대해 잘 알아야 한다. 막연히 하늘의 하나님으로만 이해하고 기도한다면 그 기도는 허공을 찌르는 기도가 될 것이다. 하나님을 어떻게 생각하느냐에 따라 기도의 방식이 달라지고 태도도 달라진다.

우리가 대통령을 만날 때와 걸인을 만날 때는 그 태도와 대화방식이 달라진다. 어린아이가 아버지와 대화할 때와 이웃집 아저씨와 대화할 때는 그 방식과 태도가 전혀 다르다. 누구를 만나 대화하느냐가 우리의 대화 내용과 질, 그리고 형태까지 결정한다. 잘 모르는 사람과 대화를 나눈다면 조금은 어색해서 더듬더듬 말할 것이다. 그러나 친근한 아버지와 대화한다면 시간 가는 줄 모르고 편안한 상태에서 얘기를 나눌 것이다.

성경을 통해 발견되는 하나님의 모습은 아주 다양하다. 하나님의 성품이 우리의 기도 방법을 결정한다고 볼 때 하나님에 대한 신앙이 한쪽으로 치우치기보다는 균형을 잡도록 해야 한다. 하나님의 성품은 매우 다양하다. 사랑, 거룩함, 의로움, 자비, 선하고 좋으신 분, 아버지, 완전함, 생명, 반석, 영원, 진노, 오래 참음, 진리 등. 우리는 하나님의 어느 한 부분만을 바라보아서는 안 된다. 다양한 상황 속에 역사하시는 하나님의 성품을 이해하고, 그런 하나님의 성품에 따라 기도 역시 다양하게 해야 한다. 어느 한 면만 강조하다 평생 기도의 한 부분만 고집하는 것은 하나님을 바르게 이해하는 것이 아니다. 무조건 기도하기보단 성경 말씀을 통해 하나님의 성품을 분명히 이해하고 배우면서 기도한다면 더욱 좋은 기도 속으로 들어갈 수 있다. 이 점에 있어서 말씀과 기도는 불가분의 관계이다.

둘째, 사람
: 기도하는 그리스도인

기도할 때 기도를 받으시는 대상인 하나님을 이해하고 아는 것이 우선이지만 동시에 기도하는 자신을 아는 것 역시 중요하다. 기도할 때 우리는 하나님에 대해 주의를 기울이는 만큼 우리 자신에 대해서도 주의를 기울여야 한다. 하나님을 이해하는 것 이상으로 나 자신을 어떻게 이해하느냐에 따라 기도가 달라지기 때문이다.

기도하는 사람이 가식적이고 위선적이라면 그 기도는 제대로 이뤄지지 못한다. 아무 생각 없이 시 읊조리듯 몇 마디 말하는 것으로 기도했다고 생각한다면 착각이다. 기도한다고 다 기도가 되는 것은 아니다.

기도는 마음으로 하는 것이고 영혼으로 하는 것이다. 사랑을 가지고 하는 것이다. 하나님을 사랑하고 신뢰하고 받아들이려는 마음이 없다면 그 기도는 중얼거림 그 이상도 그 이하도 아니다. 아무리 화려한 언어로 사람을 감동시킬 만하다 해도 그것이 하나님을 사랑하지 않는 마음에서 하는 기도라면 아무 소용이 없다. 의례적인 대화는 누구도 원하지 않는다. 마찬가지로 하나님과 기도할 때 기도하는 사람이 형식적이거나 체면 때문에 억지로 한다면 하나님 역시 그 기도를 받으시지 않을 것이다. 어떤 구함도 받을 수 없다. 기도의 성패는 기도하는 사람인 당신이 하나님 앞에 얼마나 겸손하고 회개하며 진심을 드러내느냐에 달려 있다.

기도가 대화이자 사귐이라고 여겨진다면 종교적인 행위의 목적으로 그냥 무조건 기도에 들어가기보다는 자신을 살펴보고 하나님 앞에서 투명한 모습을 가지고 하나님을 만나도록 기도해야 한다. 그럴 때 하나님은 우리의 기도를 들어주신다.

셋째, 도구
: 이야기와 대화로 나아가라

기도란, 앞에서 언급했듯이 하나님과 대화를 나누는 것이다. 우리는 하나님이 주신 이 놀라운 도구를 사람에게만 사용하지 말고 하나님과의 만남에 적극 사용해야 한다. 아무리 좋은 물건과 음식을 나눈다 해도 대화와 이야기가 사라진 교제는 의미가 없다. 그런데 지금 우리에게는 이런 대화와 이야기가 점차 사라지고 있다. 기도는 하나님과 인간이 대화와 이야기를 통해 교제를 나누는 것이다. 이렇게 생각하면 기도는 아주 자연스러운 일이다. 관계가 서먹하면 무척 힘들겠지만 관계가 좋아지면 이처럼 쉬운 일도 없다.

대화와 이야기를 통해 우리와 하나님 간에 의사소통이 이뤄진다. 이제 말하는 법을 배워야 한다. 사람과도 대화의 법칙이 있듯 하나님과도 대화의 법칙이 있다. 다양하고 효과적인 대화 방법을 터득해서 하나님과의 만남을 더욱 친밀하게 이끌어가야 한다.

우리는 하나님과 좋은 대화를 나누기 위해서 많은 부분을 훈련해야 한다. 이것을 기도훈련이라고 한다. 이것에 대한 구체적인 방법은 뒤에서 언급하도록 하겠다. 누구나 하나님과 대화할 수 있다. 누구에게나 공평하게 주신 하나님의 선물인 언어를 사용해서 대화를 시작하면 가능하다. 지금부터라도 대화의 방향을 하나님께로 돌려보자. 그분과 시간을 내어 진솔한 대화를 나눠보자. 그리고 하나님이 하시는 말씀을 들어보자. 그때 우리의 삶은 지금보다 훨씬 더 행복해지고 좋아질 것이다.

오늘도 하나님은 우리와 대화를 나누기 원하시고 이야기를 들려주기 원하신다. 지금 기도의 골방으로 들어가서 하나님과의 은밀한 시간을 통해 영적인 마음의 행복을 누려보자. "아무것도 염려하지 말고 다만 모든 일에 기도와 간구로 너희 구할 것을 감사함으로 하나님께 아뢰라"(빌 4:6).

기도의 방향을
정하라

무엇을 하든지 분명한 방향과 목표를 정해야 한다. 이는 무작정 열심을 내는 것보다 먼저 해야 할 일이다. 기도에 열심을 내면서 정작 중요한 기도의 목표가 잘못 설정되었다면 그것보다 더 헛된 일은 없을 것이다.

기도의 목표에 관해 이야기하기 전에 역사를 통해 나타난 위험한 부류가 있음을 알고 출발한다면 도움이 될 것이다. 먼저 하나님과의 일치를 통한 신비주의적인 경험을 강조하는 것을 경계해야 한다. 이런 주장을 한 사람들은 수도원적인 경향을 띠어왔다. 하나님의 존재를 깊이 묵상하는, 기도의 삶을 강조하는 사람들은 '하나님과 연합'이란 말을 많이 사용한다. 가톨릭교회의 기도가 주로 이런 형태를 띠고 있다.

물론 성경에도 하나님과 연합을 말하는 신비적인 요소가 있다. "하나님이여 주는 나의 하나님이시라. …내 영혼이 주를 갈망하며 내 육체가 주를 앙모하나이다"(시 63:1). 또한 예수님도 포도나무 비유를 통해 하나님과 예수님의 연합을, 또 예수님과 우리의 연합을 말씀하셨다. "너희가 내 안에 거하고 내 말이 너희 안에 거하면 무엇이든지 원하는 대로 구하라. 그리하면 이루리라. 아버지께서 나를 사랑하신 것같이 나도 너희를 사랑하였으니 나의 사랑 안에 거하라"(요 15:7,9).

우리는 믿음으로 주님과 연합할 수 있다. 그러나 실제로 하나님과 온전한 연합이 이루어지는 것은 아니다. 이것은 마지막 날에 이루어지는 일이지 지금 이 세상에서 이루어지는 것이 아니다. 연합의 의미를 오해하다 보니 마치 이 세상에서도 하나님과 예수님의 연합같이 우리도 그런 완전한 연합을 이룰 수 있다고 착각하는 것이다. 이것은 인간의 죄성을 인정하지 않는 것이므로 조심해야 한다. 하나님을 갈망하고 바라보며 주님이 내 안에 거하시는 하나 되는 삶을 마치 내가 하나님 안으로 완전하게 들어가서 그분의 속성으로 변하는 것처럼 오해하는 것이 곧 신비주의다.

하나님과 얼굴을 맞대고 볼 날은 지금이 아니라 종말의 때이다. 지금 우리가 바라는 목표는 하나님의 뜻과 목적을 온전히 이해하며,

하나님과 친밀한 교제를 나누는 것이다. 신비주의자가 말하는 것처럼 하나님을 바라보면서 황홀경에 빠지는 것을 의미하는 게 아니다.

만약 내가 하나님으로 변형되는 목표를 바라보면서 기도한다면 이상한 체험으로 하나님과 하나 된 것 같은 느낌을 받게 될 것이고, 그것이 오해를 불러일으켜 결국 하나님이 내게 말씀하시는 직접적인 음성이라고 거리낌 없이 말하는 잘못된 현상이 나타나게 될 것이다. 이것이 더 발전하면 신격화로 이어져 하나님을 대신하는 적그리스도나 이단으로 변질될 수 있다. 우리는 이런 잘못을 목표로 삼아서는 안 된다. 우리는 인간의 죄악 된 의지를 하나님의 뜻에 일치시키며, 점차 주님과 하나 되는 것을 경험하는 점진적인 '성화의 과정'을 추구해야 한다. 하나님의 수준에 올라가는 것이 아니라 하나님과 교제의 상태로 나아가는 것이다. 그 교제를 통해 하나님의 뜻을 발견하고 그 뜻에 순종하는 것이다. 기도를 통해 하나님의 존재에 하나 되려 하기보단 말씀과 하나 되는 게 바람직한 기도의 방향이다.

기도의 목적을
설정하라

기도의 궁극적인 목적은 하나님이시다. 하나님이 인간을 위해 존재하는 게 아니라 인간이 하나님을 위해 존재하는 것이다. 반면 우상을 만드는 사람들은 인간을 위해 만든다. 그런 면에서 우상은 신을 가장한 인간 욕심의 대표적인 표상이다.

만약 기도할 때 자기 자신을 위해 한다면 그 기도는 우상이 된다. 이런 점에서 모든 인간은 우상적 요소를 지니고 있다. 그냥은 자기의 목적을 이루기 어렵다고 생각해서 그럴듯하게 신을 가장하거나, 우상을 만들거나, 아니면 종교를 위장해서 자기의 욕망을 이룬다. 이것은 역사적으로 오랫동안 행해져온 인간의 죄악 수단이다. 겉으로는 그럴듯하게 신과 종교를 만들고 열심 있는 신앙을 강조하지만 알고 보면 그 뒤엔 인간의 엄청난 욕망이 숨겨져 있다. 기도는 이런 잘못된 욕망의 도구로 사용되어서는 안 된다.

우리가 기도하는 궁극적인 목적은 오직 하나이다. 하나님을 영화롭게 하고 하나님의 나라를 이 땅에 확장하는 것이다. 우리가 새벽을 깨우며 기도해야 하는 중요한 이유는 세상으로 하여금 하나님이 살아 계시고 이 세상을 주관하신다는 진리를 알게 하기 위함이다.

우리가 기도할 때 일차적으로 하나님의 영광이 나타나고 하나님의 나라가 건설되어야 한다. 복음이 더욱 확장되고 더 많은 사람이 구원받는 일이 이루어지기를 마음속으로 열망해야 한다. 이것이 기초가 되지 않는 상황에서는 그 어떤 기도도 무의미하다. 이것이 하나님께서 우리로 하여금 기도하게 하시는 가장 큰 목적이다. 우리는 기도할 때 하나님을 위한 목적에서 한시도 눈을 떼지 말아야 한다. 사탄은 가능한 한 우리로 하여금 기도의 목적을 하나님보다는 우리 자신과 세상을 향하도록 방향을 바꾸려고 한다.

예수님이 가르쳐주신 주기도문에는 "하늘에 계신 우리 아버지여 이름이 거룩히 여김을 받으시오며 나라가 임하시오며 뜻이 하늘에서 이루어진 것같이 땅에서도 이루어지이다"(마 6:9-10)라는 내용이 있다. 이때 하나님에 관한 내용이 크게 세 가지가 나온다. 첫째, 하나님의 이름이 세상 속에서 거룩히 여김을 받는 일이다. 둘째, 하나님의 나라가 건설되는 일이다. 셋째, 하나님의 뜻이 이 땅에 이루어지는 일이다. 우리는 이것이 이 세상 속에서 이루어지도록 쉬지 말고 기도해야 한다.

기도의 세부 목표를
정하라

하나님의 영광을 위한 기도에 목적을 정했으면 이제 우리가 기도해야 할 구체적인 세부 목표 중 또 하나는 바로 인간임을 알아야 한다. 인간은 영혼과 육체의 두 부분으로 구성되어 있다. 그렇기에 인간을 위한 기도를 할 때도 두 부분으로 나누어서 해야 한다. 영혼과 육체의 균형이 중요하지만 중요한 부분을 말하라면 단연코 영혼이 우선이다.

예를 들어 영혼을 구원받게 해달라는 기도, 인간을 구원하고 사망에서 구원받고 죄의 유혹에서 벗어나게 해달라는 기도, 믿음을 굳게 하고 기도에 항상 힘쓰게 해달라는 간구는 곧 영혼을 위한 기도이다. 인간에게는 영혼이 가장 중요하기에 우리는 먼저 이 부분을 위해 기도해야 한다. 교회생활을 잘하고, 말씀과 기도와 예배에 열심을 달라고 기도하는 그리스도인이라면 꼭 해야 하는 기도이다.

다른 하나는 육체를 위한 기도이다. 물질적인 부분을 기도하는 것은 최고의 관심사가 될 수는 없지만 필요한 부분임이 틀림없다. 물질적인 것을 구하는 것을 죄악시하는 것은 잘못이다. 우리의 몸을 만드신 분은 하나님이시다. 그렇다면 육체를 위해, 물질을 위해 구해야 한다. 예수님은 주기도문에서 인간을 위한 기도를 가르쳐주셨다.

오늘 우리에게 일용할 양식을 주시옵고
우리가 우리에게 죄 지은 자를 사하여 준 것같이
우리 죄를 사하여 주시옵고
우리를 시험에 들게 하지 마시옵고
다만 악에서 구하시옵소서. 마 6:11-13.

매일의 양식을 위한 기도는 꼭 필요한 기도이다. 또한 인간을 위해 해야 할 기도는 많다. 용서를 위한 기도, 어려운 이웃을 위한 기도, 죄에 빠지지 않게 해달라는 기도, 복음을 위해 수고하는 하나님의 종들을 위한 기도, 병을 고쳐달라는 기도, 용기를 잃지 않고 실패를 이기게 해달라는 기도 등 나 자신과 아울러 우리의 이웃을 위해 드려야 할 기도는 수없이 많다. 우리의 삶을 통해 오직 하나님이 높여지기를 구해야 한다. 우리 자신의 행복을 위한 것은 곧 하나님을 더욱 잘 섬기기 위한 것이 되어야 한다. 이런 원칙을 가지고 세상에서 필요한 일들을 잘 분별해서 기도해야 한다.

기도의 동기를
매 순간 살피라

무엇이든 동기가 중요하다. 잘못된 동기를 가지면 결과도 좋지 않고, 그 일을 오래할 수도 없다. 어려움이 생기면 이런저런 핑계를 대고 그만두게 된다. 기도도 동기가 중요하다. 예를 들어 누가 하라고 해서 기도한다든지, 체면 때문에 어쩔 수 없이 기도한다든지, 마지못해 의무감으로, 아니면 무엇을 얻어내기 위한 수단으로 기도한다면 그것은 동기에 문제가 있는 것이다. 이것은 기도의 힘을 잃게 하는 요인이 된다.

그리스도인의 기도 동기는 언제나 인간으로부터가 아니라 하나님께로부터 나와야 한다. 다시 말해 하나님의 명령과 약속이 그 동기가 되어야 한다. 그리스도인의 삶은 모든 시작이 하나님으로부터 출발해야 한다. 처음에는 어려울지라도 이것을 분명하게 배워야 한다. 기도 역시 이 원칙이 동일하게 적용된다.

기도할 때 우리는 그 동기를 하나님의 말씀에서 찾아야 한다. 하나님의 약속과 명령이 기도에 힘을 불러일으켜야 한다. 우리는 "환난 날에 나를 부르라"(시 50:15)는 시편의 말씀이 동기가 되어 환난 날에 기도해야 한다. 주님이 약속하셨기에 그 말씀에 의지해 기도해야 한다. "찾으라. 그리하면 찾아낼 것이요 문을 두드리라. 그리하면 너희에게 열릴 것이니"(마 7:7)라는 약속의 말씀에 의지해서 기도해야 한다.

하나님 약속의 말씀이 기도의 동기가 되고 출발점이 되면 계속해서 다른 말씀으로 이어지는 유익이 있고, 결국은 말씀이 응하는 결과로 나타난다. 나의 뜻이 아니라 하나님의 뜻이 이루어진다. 기도의 궁극적인 목적을 이루는 것이다. "동기가 좋으면 목적도 이루어진다"라는 말은 이것을 두고 하는 말이다. 그리스도인의 삶은 모든 것이 하나님의 말씀에서 시작해서 말씀으로 끝나야 한다. 기도 역시 마찬가지다. 기도로 시작한다는 것은 약속의 말씀으로 시작한다는 의미요, 기도로 마친다는 것은 하나님의 약속이 나를 통해 성취된다는 의미이다.

위대한 기도의 인물로 불리는 사람이 있다. 세계에서 제일가는 고아원을 운영하면서 죽을 때까지 무려 15만 명의 고아를 돌본 조지 뮬러이다. 그는 뜨거운 믿음의 기도를 통해 60년 동안 무려 150만 파운드의 돈을 공급받았고, 그 돈은 하나님의 일을 위해 사용되었다. 5만 번 이상 기도 응답을 받은 사람으로도 유명한 그는 분명 기도의 사람이었다. 그렇다면 그는 어떻게 기도의 사람이 되었고, 그렇게 많은 응답을 받았을까? 그 비결은 다른 데 있지 않았다. 오직 하나님의 말씀에 있었다. 그는 자기의 욕심이 아니라 마음속에 있는 말씀을 동기로 삼아 기도했다.

실제로 그는 기도의 사람인 동시에 말씀의 사람이었다. 그는 생애의 마지막 20년 동안 날마다 오직 말씀에 심취해 100회 이상 성경을 읽고 묵상했다. 얼마나 성경을 가까이했는지 90세가 되어 죽음이 임박한 순간에도 성경 읽는 일을 멈추지 않았다. 전적으로 말씀에 붙잡힌 바 되어 기도에 힘쓴 그야말로 말씀과 기도가 균형 잡힌 사람이었다. 이런 조지 뮬러의 마음에 늘 소원을 품게 하고 기도의 원천이 되었던 성경 말씀이 하나 있다. "또 여호와를 기뻐하라. 그가 네 마음의 소원을 네게 이루어주시리로다"(시 37:4).

기도의 좋은 동기를 가지고 기도하고 싶은가? 지금부터라도 우리로 하여금 기도하도록 열정을 불러일으키는 근본 요소이자 출발점인 말씀을 가까이해야 한다. 성경을 읽고, 공부하고, 설교를 듣고, 묵상하는 가운데 기도해야겠다는 동기가 일어나는 일은 좋은 일이다. 만약 도전받은 말씀을 이루기 위해 기도에 열심을 낸다면 더욱더 좋은 일이다.

기도의 장애물을
제거하라

기도의 좋은 모델을 찾는 것은 중요하다. 그러기 위해서는 먼저 잘못된 기도를 구별해 내는 지혜가 필요하다. 자기도 모르게 익숙해져 있는 잘못된 기도가 있다. 먼저 그것들을 걷어내야 한다. 잘못된 기도를 이미 알고 계셨던 예수님은 제자들에게 바른 기도에 대해 가르쳐주셨다. 예수님은 우리가 기도할 때 피해야 할 내용을 가르쳐주셨다. 특히 장소와 언어와 관계의 세 가지 문제를 지적하셨다.

▶ 남에게 보이기 위한 외식하는 기도를 하지 말라

"또 너희는 기도할 때에 외식하는 자와 같이 하지 말라. 그들은 사람에게 보이려고 회당과 큰 거리 어귀에 서서 기도하기를 좋아하느니라. 내가 진실로 너희에게 이르노니 그들은 자기 상을 이미 받았느니라. 너는 기도할 때에 네 골방에 들어가 문을 닫고 은밀한 중에 계신 네 아버지께 기도하라. 은밀한 중에 보시는 네 아버지께서 갚으시리라"(마 6:5-6).

기도는 사람이 아니라 하나님께 드리는 것이다. 사람을 의식해서 사람에게 하는 기도가 되어서는 안 된다. 기도는 오직 하나님의 영광을 위해 드려져야 한다. 기도는 인간의 유익을 위한 것이 아니다. 기도가 사람의 영광을 드러내는 데 사용되어서는 안 된다.

기도를 받는 대상은 하나님이시지 사람이 아니다. 남에게 보이기 위한 기도는 사람의 귀만 즐겁게 만든다. 때때로 화려한 말이나 그럴듯한 은혜로운 언어로 사람들에게 감동을 줄 수 있다. 우리는 은근히 그런 기도를 좋아하고, 자기가 기도하는 모습이 사람들에게 보이기를 바란다. 사람들에게 좋은 평가를 받고 싶어 한다. 그러나 기도의 평가는 사람이 할 수 없다. 겉모습만으로는 진정한 기도의 모습을 판단할 수 없다. 기도는 외적 세계가 아니라 내적 세계이다. 말이 아니라 영이다. 눈에 보이는 육체의 모습이 아니라 눈에 보이지 않는 중심의 모습이다.

그렇기에 우리는 사람들에게 보이기보다 기도의 골방을 찾아 은밀히 기도해야 한다. 사랑하는 사람과 깊은 대화를 나눌 때 다른 사람들에게 그 장소와 내용을 일일이 알릴 필요는 없지 않은가? 만약 그렇다면 교제의 중심이 사랑하는 사람에게 있다기보다는 은연중에 자기를 나타내기 위함에 있는 것이다. 우리의 기도시간을 오직 주님과 나만이 아는 시간으로 남겨두는 것은 어떨까? 기도의 내용을 자꾸 자랑하고 드러내기 시작하면 어느 순간에 하나님께 영광이 되기보다는 사람에게 칭찬만 받을 수도 있다.

▶ 의미 없는 말의 반복을 주의하라
"또 기도할 때에 이방인과 같이 중언부언하지 말라. 그들은 말을 많이 하여야 들으실 줄 생각하느니라"(마 6:7). 기도는 말로 하는 것이다. 마음으로도 할 수 있지만 일차적으로 말로 구해야 한다. 입을 열어 구해야 한다. 말은 기도의 중요한 도구이다. 그렇다면 다른 종교는 어떻게 기도하는가? 다른 종교의 기도에 나타나는 가장 큰 특징은 중언부언하고 같은 말을 반복하면서 주문처럼 기도한다는 것이다. 같은 말을 반복하거나 많은 말을 하는 기도는 주님이 가르쳐주신 기도의 참모습이 아니다. 이것은 이교적인 특징을 지니고 있다.

특히 갈릴리 지방은 이방과 가까운 접경 지역이었다. 자연히 이방 풍속에 익숙했다. 그래서 주님은 그들을 본받는 것을 조심하라고 말씀하셨다. 그것은 이미 오래전 구약시대에 가나안 땅을 지배하고 있었던 바알 종교의 영향이 컸기 때문이다. 실제로 바알 종교는 "바알이여 우리에게 응답하소서"(왕상 18:26)라는 말을 백 번씩이나 복창했다. 또한 아데미 교도는 "크다. 에베소 사람의 아데미여"(행 19:34)를 반복하며 기도했다.

사람들은 이렇게 기도하다 보면 자기도 모르는 사이에 신비로움을 경험하면서 점차 기도의 경지에 들어간다고 말한다. 이런 기도의 모습을 지향하는 종교들이 있다. 단순한 말을 무의미하게 반복하며 기도한다. 불교에서는 "나무관세음보살, 나무아미타불"을 연달아 반복하며 염불기도를 한다. 심지어 이것을 백만 번씩이나 반복해서 기도할 것을 권장하는 경우도 있다. '나무' 혹은 '남무'(南無)는 인도 범어를 한문으로 소리 나는 대로 적은 말인데, 번역하면 '귀의(歸依)

한다' 라는 뜻이다. 좀 더 쉽게 풀이하면 '내 몸과 마음을 부처님께 모두 맡긴다' '모든 것을 믿고 드린다' 라는 뜻이다.

'남묘호렌게쿄' 라는 일본에서 들어온 종교가 있다. 우리나라 옛 날 할머니들이 주로 믿었던 창가학회 종교는 법화경의 제목인 '남묘호렌게쿄' 를 삼창하고, 눈을 감고 머리를 조금 숙인 뒤 자신의 이루고자 하는 목표를 기원한다. 그리고 자신의 재량만큼 '남묘호렌게쿄' 를 복창하며 마음속으로 정한 목표와 일체중생의 행복, 세계 평화 등을 기도한다. 한 가지 제목을 마칠 때도 마찬가지로 '남묘호렌게쿄' 를 삼창한 뒤 다시 기도한다. 아침, 점심, 저녁에 제목을 복창한다. 어떤 사람은 하루 네 시간 제목을 올리면서 기도하는 사람도 있다.

그러나 기독교는 다른 종교들의 기도와는 다르다. 성경이 말씀하는 기도는 주문이나 반복적인 기도의 형태가 아니다. 종종 많은 사람이 쉬지 않고 계속해서 많은 말을 하는 기도를 부러워한다. 특히 교회에 처음 와서 이렇게 기도하는 사람들을 보면서 '나는 언제 저렇게 하지' 라는 부러움 반, 걱정 반인 사람들이 있다. 그러나 기도의 모델을 잘못 설정한 것이다. 기독교의 기도는 반복적인 주술 형태나 염불이 아니다. 간혹 그것을 계속 반복하면서 신비한 경지에 이르는 기도를 꿈꾸는 사람이 있다. 기도를 반복적으로 오랫동안 하는 종교들은 기도 자체에 신비한 힘이 있다고 생각한다. 그래서 주문을 외우거나 반복적인 단어를 계속 구하는 방법을 사용한다.

그러나 기도는 대화의 도구일 뿐이다. 기도에 능력이 있는 것이 아니라 기도를 들어주시는 하나님께 능력이 있다. 이것이 뒤바뀌어서는 안 된다. 기도의 진정성은 기도의 방법이나 모양에 있는 것이 아니라 하나님을 얼마나 믿고 신뢰하느냐에 있다. 그것을 위해 기도의 형태나 양이 정해져야 한다. 기도가 모든 것을 변화시킨다기보다는 그 기도를 통해 이루시는 하나님이 모든 것을 변화시키신다. 하나님께 초점을 더 두어야 한다.

▶ 다른 사람의 죄를 먼저 용서하라

"너희가 사람의 잘못을 용서하면 너희 하늘 아버지께서도 너희 잘못을 용서하시려니와 너희가 사람의 잘못을 용서하지 아니하면 너희 아버지께서도 너희 잘못을 용서하지 아니하시리라"(마 6:14-15). 기도는 관계이다. 기도를 하나님께만 드리는 것으로 이해하다 보면 자칫 하나님과의 관계만 생각하고 사람과의 관계를 제외시킬 수 있다. 그것은 바른 이해의 기도가 아니다. 기도는 하나님과의 관계인 동시에 아울러 사람과의 관계이다. 분명 기도는 하나님께 드리는 것이지만 사람과의 관계가 바르게 해결되어야 한다.

그중 하나가 다른 사람을 용서하는 일이다. 이웃과의 관계 회복이 되지 않고는 하나님과의 관계 회복도 되지 않는다. 하나님께 기도할 때 다른 사람과의 좋지 못한 관계가 있다면 그것은 죄를 해결하지 않고 기도하는 것이다. 먼저 회개하고, 그들을 용서하는 마음을 가져야 한다. 그런 다음에 하나님께 우리의 구할 것을 아뢸 수 있다. 이러한 겸손한 마음이 전제되지 않는 한 자기 욕심의 기도가 된다. 자기를 살피지 않는 기도는 자기 정욕을 위한 기도이다. 이것은 주기도문에서도 분명히 교훈하고 있다. "우리가 우리에게 죄지은 자를 사하여 준 것같이 우리 죄를 사하여 주시옵고"(마 6:12). 정말 기도 응답을 받고 싶은가? 그러면 우리의 이웃 관계를 먼저 살펴보아야 한다.

기도의 응답을 끝까지 기다리라

▶ 기도 응답의 1원칙 : 하나님의 영광이 어떻게 드러나는지 보라

기도 응답의 중요한 원칙 가운데 첫 번째는 하나님이 우리의 기도를 통해 무엇이든지 다 들어주시는 것이 아니라 언제나 하나님의 영광이 드러나는 것과 긴밀한 연관이 있다는 점이다. 이것을 알고 기도하면 기도에 힘이 생긴다. 이것은 모든 기도 응답에 적용된다. 그러므로 하나님께 영광이 되는지, 되지 않는지에 늘 기도 응답의 초점이 맞춰져야 한다. 만약 사람에게 영광되고 나의 욕심에 근거한 기도라면 절대 응답받을 수 없다.

하나님의 기도 응답의 뜻은 하나님의 영광이 드러나고, 그분의

이름이 만방에 선포되는 것이다. 하나님은 언제나 이 원칙 속에서 우리의 기도에 응답해주신다. 그러므로 하나님을 기쁘시게 하기 위해 우리의 마음에 소원을 품고 기도하면 그 기도는 분명히 응답된다. "여호와를 기뻐하라. 그가 네 마음의 소원을 네게 이루어 주시리로다"(시 37:4). "이는 그가 사랑하시는 자 안에서 우리에게 거저 주시는 바 그의 은혜의 영광을 찬송하게 하려는 것이라"(엡 1:6).

▶ 기도 응답의 2원칙 : 하나님의 뜻을 이루는 것임을 기억하라

기도의 목적은 나의 욕망이나 뜻을 이루는 것이 아니라 하나님의 뜻을 이루는 것이다. 우리는 자칫 기도를 자기 욕심을 이뤄내는 도구로 생각할 수 있는데, 절대 그렇지 않다. 기도는 전적으로 하나님의 뜻을 이루는 일과 관계가 있다. 기도의 최종 목표는 나의 뜻을 하나님의 뜻에 일치시키는 것이다. 기도할 때 나의 정욕을 버리고, 하나님의 뜻을 발견하고, 그 뜻을 이루기 위해 기도하면 그 기도에 틀림없이 응답해주신다. 당장은 아니어도 언젠가는 이루어진다. 우리는 이 확신을 가져야 한다.

하나님의 뜻을 발견하는 기도를 하려면 일차적으로 하나님의 말씀을 통해 그분의 뜻을 발견하고, 기도를 통해 그 뜻에 순복해야 한다. 무조건 기도하게 되면 하나님의 뜻보다는 내 생각대로 할 수 있다. 하나님은 언제나 우리의 열심이 아니라 약속에 따라 움직이시는 분이다. 약속하신 언약의 말씀에 따라 응답해주시는 분이다. 기도 응답을 위해서는 하나님의 약속을 믿고, 그것에 따라 기도하는 것이 가장 좋은 방법이다. "그를 향하여 우리가 가진 바 담대함이 이것이니 그의 뜻대로 무엇을 구하면 들으심이라"(요일 5:14).

▶ 기도 응답의 3원칙 : 가장 좋은 것과 가장 좋은 때를 기다리라

하나님은 좋으신 분이다. 우리가 기도할 때 하나님은 언제나 우리에게 가장 좋은 것을 주기 원하신다. 마치 아버지가 자녀에게 가장 좋은 것을 주기 원하는 것과 마찬가지다. 그것을 믿고 구하면 언젠가 내게 가장 합당한 것을 주신다. 지금은 아무 응답도 없는 것 같지만 실제로 응답이 없는 게 아니다. 우리가 우리에게 필요한 것을 다 아는 것 같아도 잘 모르는 경우가 많다. 그러나 하나님은 우리에게 있어야 할 것을 이미 알고 계신다. 그래서 하나님은 우리의 기도를 들어주실 때 아무거나 쉽게 주시지 않는다. 기도 응답을 받지 못하는 진짜 이유는 참지 못해서며 기다리지 못해서다. 가장 좋은 것을 가장 좋은 때 주실 것이라고 믿고 지속해서 기도하면 우리는 선한 것을 받을 수 있다.

조금 늦게 받더라도 꼭 필요한 것을 받아야 한다. 우리가 어떤 선물을 받을 때 기쁜가? 가장 필요한 것을 받았을 때 기쁘지 않은가? 하나님이 조금 늦게 주신다고 해도 내게 정말 필요한 것을 주시리라고 믿으며 잠잠히 참고 기다리는 지혜가 필요하다.

중세 성자였던 성 어거스틴의 어머니 모니카의 기도는 아주 유명하다. 그녀는 아들의 방탕한 삶을 올바르게 바꾸려고 13년 동안이나 지속해서 하나님께 기도했다. 한 번은 어거스틴이 가출해서 로마로 가려고 하자, 그녀는 아들을 자기 곁에 두기 위해 가지 않게 해달라고 간절히 기도했다. 그녀는 로마행 배가 닻을 내리고 있는 해변의 조그만 예배당에 가서 밤이 새도록 기도했다. 그런데 그녀가 기도하는 동안 그만 배가 출항해버렸다. 결국 그녀의 기도는 거절된 것처럼 보였다. 하지만 그녀의 기도는 절대 거절된 것이 아니었다. 로마로 간 어거스틴이 성 암브로스를 만나 완전히 새사람으로 변화되었기 때문이다.

하나님은 언제나 더 좋은 것을 주신다. 우리가 생각하는 그 이상의 하나님이시다. 이런 하나님을 믿고 포기하지 않고 기도한다면 언젠가 좋은 것으로 응답해주실 것이다. 쉽게 판단하거나 포기하지 말고, 그분의 오묘한 섭리를 바라보면서 기도해야 한다.

하나님의 기도 응답 방법은 아주 다양하다. 바로 응답해주시는 것도 있지만 우리가 악한 것을 구할 때는 거절하시는 것도 응답의 한 방법이다. 또한 더 좋은 것을 주시기 위해 침묵하며 기다리시는 것도 또 다른 응답 방법이다. 반드시 기억해야 할 것은 기도 응답은 시대를 초월해서 일어난다는 사실이다. 나의 세대에서 이뤄지지 않으면 다음 세대에 이뤄진다. 기도는 쉬지 않고 영원을 향해 날아가는 화살과 같다. 그렇기에 포기하지 말고 끝까지 약속을 붙잡고 기도해야 한다. 가장 좋은 기도 응답이 내 인생의 가장 마지막에 올지 누가 아는가? "네 길을 여호와께 맡기라. 그를 의지하면 그가 이루시고 네 의를 빛같이 나타내시며 네 공의를 정오의 빛같이 하시리로다. 여호와 앞에 잠잠하고 참고 기다리라"(시 37:5-7). "우리가 알거니와 하나님을 사랑하는 자 곧 그의 뜻대로 부르심을 입은 자들에게는 모든 것이 합력하여 선을 이루느니라"(롬 8:28).

▶ 기도 응답의 4원칙 : 변하지 않는 신실하신 하나님을 믿으라

우리가 기도할 때 기도의 응답을 불안하게 하는 한 가지 중요한 요인이 있다. 그것은 "정말로 하나님이 약속하신 것을 이루시는 분일까?"라는 의문이다. 우리의 기도를 들어주시는 분을 믿지 못하는 게 우리가 응답받지 못하는 가장 큰 이유이다. 하나님은 어제나 오늘이나 영원토록 동일하신 분이다(히 13:8). 하나님의 성품은 변하지 않는다. 하나님이 하신 약속은 변하지 않는다. 꼭 이루어진다.

구약 말씀은 신약에서 성취되었다. 성경이 이것을 증명한다. 오래 걸릴지라도 하나님의 약속은 반드시 이루어진다. 우리는 변하지 않는 하나님을 믿어야 한다. 하나님은 절대 변하신 적이 없고, 창세 이래 마음을 바꾸신 적도 없다. 자신의 약속을 신실하게 지키신다. 그 아들을 세상에 보내서 십자가에 죽게 하신 것 자체가 하나님께서 자신이 하신 약속을 얼마나 신실하게 지키시는가 하는 확실한 증거이다. "너는 내게 부르짖으라. 내가 네게 응답하겠고 네가 알지 못하는 크고 은밀한 일을 네게 보이리라"(렘 33:3). "너희가 내 안에 거하고 내 말이 너희 안에 거하면 무엇이든지 원하는 대로 구하라. 그리하면 이루리라"(요 15:7).

그렇기에 우리는 말씀을 믿고 기도해야 한다. 내 힘으로 기도하는 것이 아니라 하나님이 하신 약속을 따라 기도해야 하고, 그 약속이 이루어짐을 믿고 기도해야 한다. 그것은 곧 하나님의 성품과 인격을 믿는 것을 의미한다. 하나님의 약속의 말씀을 믿는 것이 곧 하나님을 믿는 것이다. "오직 믿음으로 구하고 조금도 의심하지 말라. 의심하는 자는 마치 바람에 밀려 요동하는 바다 물결 같으니 이런 사람은 무엇이든지 주께 얻기를 생각하지 말라"(약 1:6-7).

기도의 방해꾼을
몰아내라

▶ 내적 방해꾼 1 : 자기 육신을 사랑하는 것

사람은 영과 육으로 구성되어 있다. 기도는 영의 일이다. 영과 육은 대조적이다. 타락한 우리의 육신은 전적으로 영과 배치된다. 그러므로 육신은 영을 따르는 일에 큰 장애물이다. 여기서 육신은 우리에게 남아 있는 옛 성품을 의미한다. 육신을 사랑하는 옛 성품이 하나님을 사랑하게 하는 새 성품을 핍박하고 거부한다. 그것이 우리 안에 존재하는 한 우리는 기도에 힘쓰지 못한다. 육신은 오직 자기만을 사랑하는 이기적인 마음과 자기만 옳다고 생각하는 교만을 지니고 있다. 이것이 마음에 가득하면 자연히 하나님께 의지하려는 마음을 빼앗기고 자기를 의지하게 된다. 자기 자만과 정욕에 따른 삶에 이끌리면 자연히 기도하지 않게 된다.

기도에 힘쓰고 싶은가? 그렇다면 먼저 육신의 정욕에 사로잡힌 것을 제거해야 한다. 그것을 끊게 해달라고 기도해야 한다. 자기의 교만과 자만심을 먼저 꺾게 해달라고 간구해야 한다. "구하여도 받지 못함은 정욕으로 쓰려고 잘못 구하기 때문이라"(약 4:3). "육신의 생각은 하나님과 원수가 되나니 이는 하나님의 법에 굴복하지 아니할 뿐 아니라 할 수도 없음이라. 육신에 있는 자들은 하나님을 기쁘시게 할 수 없느니라"(롬 8:7-8).

▶ 내적 방해꾼 2 : 이웃과 불편한 관계를 맺고 있는 것

기도는 하나님을 향한 일이지만 이웃과도 관계를 맺는 이중성이 있다. 그러므로 하나님께 가까이 가지 못하는 이유 중 하나는 이웃과의 관계가 좋지 못하기 때문이다. 이것은 늘 같이 존재하는 동전의 양면과도 같다. 예를 들어 불화가 있는 가정과 형제 관계가 그 원인이 될 수 있다. 부부가 싸웠다든지, 형제들과 사이가 좋지 않아서 늘 마음에 불편함을 가지고 있다든지, 아니면 상대방을 용서하지 못하고 아직도 미움을 가지고 있다든지 하면 그것이 기도를 막는 장해물이 된다.

기도의 전제조건은 다른 사람을 사랑하고 용서하며, 좋지 않은 관계를 회복하는 것에서부터 출발한다. 기도 자체가 우리의 죄를 고백하고 용서를 구하는 일이요, 하나님의 은혜와 자비를 구하는 일이기 때문이다. 불편한 관계를 해결하지 못한 상태에서 드리는 기도는 무의미하다고 할 수 있다. 아마 이것을 잘 알지 못한 채 기도한다면 하나님은 기도하는 중에 이것을 깨닫게 해주시고 먼저 해결하라고 말씀하실 것이다. 기도에서 하나님과 이웃 관계는 별개가 아니다. 어떤 사람은 종종 기도는 하나님께 드리는 것이기에 이웃과의 문제는 그다지 중요하지 않다고 생각한다. 그것은 분명 잘못된 생각이다. 그러므로 기도가 잘되지 않고 힘들다고 여겨지면 주변에 불편한 관계가 있는지 점검해 보아야 한다.

"서서 기도할 때에 아무에게나 혐의가 있거든 용서하라. 그리하여야 하늘에 계신 너희 아버지께서도 너희 허물을 사하여 주시리라"(막 11:25). "그러므로 예물을 제단에 드리려다가 거기서 네 형제에게 원망들을 만한 일이 있는 것이 생각나거든 예물을 제단 앞에 두고 먼저 가서 형제와 화목하고 그 후에 와서 예물을 드리라"(마 5:23-24).

▶ 내적 방해꾼 3 : 하나님에 대해 의심하는 것

무엇보다 하나님에 대해 불신하는 순간 기도가 힘들어진다. 기도하지 않는 이유 중 하나는 하나님을 신뢰하지 못해서다. 하나님에 관해 관심이 없으면 기도에도 관심이 없다. 이것은 정비례한다. 하나님에 대해 관심을 두고 하나님을 사랑하면 기도는 가장 자연스러운 일이 된다. 기도하다 그만두는 것은 하나님의 약속에 대한 의심 때문이다. 어느 정도 억지로 기도할 수 있고, 부모님이나 주변 사람들이 요구하기에 기도할 수도 있다. 그러나 그런 기도는 얼마 가지 못해 그만두게 된다. 하나님의 약속에 대한 확신은 우리를 계속 기도하게 하는 원동력이 된다.

하나님의 성품에 대한 인식이 바르지 못할 때 기도가 막히는 현상이 나타난다. 또 자신과 세상에 익숙하다 보면 하나님에 대해 의심하게 되고 기도에 가치를 두지 않게 된다. 믿음에 근거하지 않은 기도는 오래가지 못한다. 그것은 하나님을 시험하는 것과 같기에 우리의 마음을 아시는 하나님이 우리의 기도에 응답하시지 않는 것은 당연한 일이다. 상대방을 신뢰하지 않고 의심하면서 대화할 때 그 대화나 만남은 오래가지 못한다. 기도하기 전에 믿음을 갖는 것이 먼저이다. 필요한 것을 구하기 전에 믿음을 달라고 기도해야 한다.

우리는 늘 마음에 믿음을 가지고 기도해야 한다. 그렇지 않으면 언제 어떻게 넘어질지, 언제 기도를 그만두게 될지 모른다. "믿음이 없이는 하나님을 기쁘시게 하지 못하나니 하나님께 나아가는 자는 반드시 그가 계신 것과 또한 그가 자기를 찾는 자들에게 상 주시는 이심을 믿어야 할지니라"(히 11:6).

▶ 내적 방해꾼 4 : 하나님에 대한 올바른 이해가 없는 것

하나님은 무정하신 분이 아니다. 하나님은 완고하시지 않다. 하나님은 아버지와 같은 분으로 언제나 자녀에게 선물 주기를 즐겨하신다. 누구든지 잘못을 회개하고 돌아오면 용서하고 기뻐하신다. 하나님은 우리가 구하는 것 이상을 주시되 풍성하고 넘치게 주시는 가장 좋으신 분이다. 그럼에도 기도하다 그만두는 사람들을 본다. 그들은 자신이 원하는 대로 하나님이 잘 응답해주시지 않는다는 이유를 댄다. "그 정도 기도했으면 응답받아야 하는 것 아니냐?"면서 하나님께 책임을 돌린다. 또한 "왜 내게만 이런 일이 일어나는가?"라며 하나님에 대해 실망하는 때도 있다. 이런 상황이 발생하면 믿음도 잃고, 기도도 잃어버리게 된다. 그것은 하나님에 대한 이해가 부족해서다.

우리는 하나님을 알아가면 알아갈수록 기도하게 된다. 그분께 가까이 나아가게 된다. 말씀을 통해 하나님을 배우는 일은 하나님께 기도하게 하는 시작점이다. 하나님을 알되 내가 이해한 대로가 아니라 성경이 말씀하는 그 하나님을 알도록 해야 한다. 하나님은 아까워하시는 분이 아니다. 인간처럼 인색하게 계산하며 어떤 대가를 바라시는 분이 아니다. "자기 아들을 아끼지 아니하시고 우리 모든 사람을 위하여 내주신 이가 어찌 그 아들과 함께 모든 것을 우리에게 주시지 아니하겠느냐"(롬 8:32).

▶ 외적 방해꾼 1 : 분주한 시간

시간은 기도를 막는 가장 큰 방해꾼이다. 현대인의 삶은 매우 바쁘고 분주하다. 그러다 보니 대부분의 핑계가 너무 바빠서 못한다는 것이다. 하지만 기도시간을 낼 수 없을 만큼 바쁘다면 지금 큰 방해꾼에 사로잡혀 있는 것이다. 기도보다 더 바쁜 일은 없다. 아무리 바빠도 먼저 만나야 할 사람은 꼭 만나야 한다. 중요한 사람과 만나는 일을 미뤄서는 안 된다.

내 인생에서 가장 중요하게 여겨야 할 약속시간이 있다면 하나님과 만나는 기도시간이다. 바쁘게 일한다고 일이 성취되는 것은 아니다. 그것은 우리의 생각이다. 적은 시간 일하고, 쉬면서 일해도 하나님이 도와주시면 더 큰일을 이룰 수 있다. 바쁠수록 더욱 하나님께 기도하자. 시간으로 사람의 마음과 몸을 분주하게 하는 방해꾼을 잡자. 그러기 위해서는 기도시간을 따로 정하는 것이 지혜로운 방법이다. 사탄은 우리를 바쁘게 만들어 기도시간을 빼앗고, 결국 우리를 무너지게 만든다.

이와 관련해서 종교개혁자 마틴 루터는 다음과 같이 고백했다. "만일 내가 매일 아침 기도하지 않았다면 사탄이 승리했을 것이다. 내게는 할 일이 너무 많아서 매일 세 시간씩 기도하지 않고는 지낼 수가 없었다." 감리교를 창시한 요한 웨슬리도 이렇게 고백했다. "나는 할 일이 너무 많기 때문에 그 일을 하기 전에 여러 시간을 기도하는 데 보내야 한다." 미국의 선교사 아도니람 저드슨은 이렇게 제안

했다. "가능하다면 당신의 잡다한 일들을 정리하라. 그러면 단지 경건한 행위뿐 아니라 은밀히 기도하고 하나님과 교통하는 일에 매일 두세 시간을 쉽게 낼 수 있을 것이다."

▶ 외적 방해꾼 2 : 게으르고 나태함

기도의 필요성을 누구보다도 잘 알고 있으면서도 게으르고 나태해서 기도하지 않는 사람들이 아주 많다. 우리에게는 꼭 해야 할 일이 있는데도 자꾸 뒤로 미루는 버릇이 있다. 이것은 기도의 영역에서도 그대로 나타난다. 하지만 힘들고 귀찮다고 기도를 미루는 일을 내버려둬서는 안 된다. 기도는 선택사항이 아니다. 기도는 하나님의 명령이다. 당연히 해야 하는 일상의 일이다. 우리는 그분의 도우심 없이는 단 한 시간도 살아갈 수 없다. 그런 하나님을 만나고, 그분과 관계를 맺는 것은 너무나 당연한 일이다.

그런데도 우리는 그 일을 하지 않는다. 게으른 것은 악한 것이다. 나태하고 피곤해하며 귀찮아하는 게으름은 죄악이다. 우리는 그런 죄에서 과감히 벗어나야 한다. "그냥 가다 보면 잘되겠지" 하는 방만함이 우리를 게으르게 하고, 기도를 쉽게 만든다. 막연하게 "하나님은 우리가 기도하지 않아도 지켜주실 거야. 지금까지도 아무런 일 없었는데" 하면서 스스로 나태함에 빠지지 말아야 한다. 게으름은 습관이다. 한 번 익숙해지면 계속 그런 삶을 산다. 기도에 이런 게으름이 있어서는 안 된다.

▶ 외적 방해꾼 3 : 잘못된 감정들

감정에 따라 기도하면 얼마 가지 못해 기도를 쉬게 된다. 기도는 감정의 결단보다는 의지와 약속에 따른 결단이다. 이해가 되지 않고 느낌이 없어도 약속에 근거해 의지적인 결단을 해야 한다. 이런 점에서 기도에는 감정적인 면보다 오히려 의지적인 면이 더 강하다고 할 수 있다. 기도하고 싶지 않을 때가 더 많기 때문이다. 급할 때나 기도의 분위기가 잡힐 때는 기도하더라도, 그렇지 않을 때는 기도하지 않게 된다. 인간의 느낌과 감정은 마치 카멜레온처럼 쉽사리 변한다. 사실 혈기왕성하고 감정이 상하면 기도가 되지 않는다. 인간적인 감정에 사로잡히면 기도할 마음이 전혀 생기지 않는다. 기도에는 분명 감정적인 요인이 있다. 그렇다고 나의 마음과 기분에 의해 기도해서는 안 된다.

기도시간에 감정을 자극하려는 것들도 조심해야 한다. 그런 감정에 익숙해지면 진정한 기도가 어렵고 일상의 기도가 힘들어진다. 감정에 따라 좌우되고 환경에 따라 좌우되면 더는 능력 있는 기도가 되지 못한다. 오히려 힘들 때, 혈기가 날 때, 감정이 많이 상했을 때, 짜증나고 원망이 생길 때 기도해야 한다. 그런 감정과 상황을 뛰어넘어 하나님께 나의 마음을 의지적으로 드리면서 기도하는 것이 필요하다. 감정에 이끌리면 기도의 삶이 아주 불규칙하고 불안해진다.

▶ 외적 방해꾼 4 : 풍요로운 생활

사람들은 언제 기도하는가? 대체로 힘들고 가난한 사람들이 기도에 열심을 낸다. 누군가에게 더는 도움을 받을 수 없다고 생각될 때 하나님께 구한다. 평소에는 하나님에 관해 관심도 없고 기도 한 번 하지 않던 사람이라도 갑작스럽게 병이 들어 사경을 헤매게 되면 하나님을 찾게 된다. 병원에서 사형선고를 받으면 그때는 불신자도 하나님을 찾게 되고, 한 번도 가지 않았던 기도원을 자기 발로 찾게 된다. 결국 사람들이 기도하지 않는 이유 중 하나는 너무나 풍요롭고 편안한 생활을 하기 때문이다. 큰 어려움이 없는 사람은 기도하지 않는다. 기도해야 한다고 생각하지만 당장 어려운 일이 닥치지 않으면 기도하지 않는다. 인간의 간사함을 엿볼 수 있는 대목이다. 고난 속에서 기도가 나오고 눈물 속에서 하나님을 의지하게 된다.

때때로 하나님은 우리로 하여금 하나님을 의지하게 하는 한 방편으로 고난과 시험을 행하신다. 가정이나 교회나 국가나 그리스도인 모두가 잘살고 편안하면 기도하지 않게 된다. 이런 점에서 세상의 물질적인 풍요로움이 기도를 막는 장해물이 될 수 있다. 안락하고 편안한 생활에 빠질 때 더는 기도하지 않고 하나님과 멀어지게 되는 것은 우리가 늘 경험하는 일이다.

▶ 외적 방해꾼 5 : 세상적인 웰빙문화

요즘 세대는 문화가 중요한 키워드이다. 몇 년 전부터 주 5일 근무가 시작되면서 이것에 대한 관심이 지대해졌다. 대중매체와 오락과 여가와 취미생활이 많아지고 있다. 문화를 즐기면서 삶을 풍요롭게 만드는 일들이 우리를 유혹한다. 오늘도 어떻게 하면 더 편안하고 안락한 생활을 할 수 있을까 고민하며 이리저리 더 좋은 곳을 찾아 나선다. 대중매체들은 우리를 더 좋은 곳으로 안내하며 정신을 빼앗기게 만든다. 그것은 결국 기도생활을 빼앗아가는 주범이 되고 있다. 대중매체와 오락과 여가와 취미생활이 우리에게 도움을 주는 것은 사실이지만 그것을 너무 신뢰하고 빠지게 되면 오히려 악한 요소로 다가온다. 영적 성장을 저해하고 기도의 삶을 잃게 만든다.

TV나 컴퓨터, 영화나 콘서트, 음악, 연극, 미술, 스포츠 경기 등 대중문화의 종류는 아주 다양하다. 분명 현대인에게 필요한 일이지만 이것들이 결국 하나님과의 만남을 희미하게 할 수 있다는 점에서 특히 조심해야 한다. 이런 생활에 너무 익숙하고 매료되면 나중에는 기도가 어려워진다. 육신의 맛을 보면 좀처럼 영혼의 즐거움을 얻기 어렵다. 시간 자체를 선별해서 사용하고 지혜롭게 분별해서 활용해야 한다. 가능한 한 하나님을 바라보는 데 사용하고, 기도에 활력을 불어넣는 문화생활로 활용하는 지혜가 필요하다.

성령으로 기도하라

성경은 우리를 성령이 거하시는 거룩한 성전이라고 말한다. "너희는 너희가 하나님의 성전인 것과 하나님의 성령이 너희 안에 계시는 것을 알지 못하느냐"(고전 3:16). 우리가 예수님을 믿는 순간 우리 안에는 성령이 거하신다. 기도는 내 안에 계신 성령님과 함께하는 것이다. 우리가 기도할 수 있게 된 것은 내 안에 성령이 들어오셨기에 가능한 것이다. 이전에는 우리가 기도하고 싶어도 할 수 없었다. 믿음을 갖기 전에 하는 기도는 푸념이나 하소연이지, 진정한 의미에서 하나님과 나누는 교제의 기도는 아니었다. 성령이 아니고서는 누구도 하나님을 아버지라고 부를 수 없다. 성령의 도우심 없이는 누구도 기도할 수 없다. 이것이 성령 안에서 기도해야만 하는 이유이다.

성령 안에서 기도하라는 것은 나 혼자서는 기도할 수 없다는 것을 뜻한다. 내 안에 계신 성령님이 도와주시지 않으면 기도할 수 없다. 기도의 시작은 성령 안에 거하고 성령께 순종하면서 기도하는 것이다. 어린아이처럼 철저히 하나님을 신뢰하고, 단순히 기도하는 것이 곧 성령 안에서 기도하는 모습이다. 내 고집과 내 생각을 하나님께 관철시키려는 기도는 성령님을 거부하는 기도이다. 기도가 어려운 것은 내 안에 있는 육신적인 생각 때문이다. 그것이 나로 하여금 성령님을 의지하지 못하게 하고 기도를 힘들게 한다. 이런저런 상황을 핑계 대면서 기도를 회피하게 만든다.

무엇보다 우리는 기도드릴 때 회개하는 심령을 가져야 한다. 회개하는 심령이 되지 못하면 끝까지 자기 고집만 부리면서 성령님을 거부하기 때문이다. 그때에는 기도해도 나를 위한 기도이지, 하나님의 뜻과는 다른 기도가 된다. 회개 없이는 기도도 없다. 다시 말해 성령을 의지하지 않는 기도는 더는 기도가 아니다.

성령 안에서 기도한다는 것은 말씀을 의지하고 말씀에 따라 기도한다는 의미와도 같다. 그렇기에 우리는 마음에 하나님의 음성이 들려진다고 느낄 때, 그것을 무조건 하나님의 음성이라고 단언하지 말고 늘 말씀과의 연관성을 살펴보아야 한다. 성령은 말씀을 떠나서는 역사하시지 않기 때문이다. 성령은 진리의 영이요, 그리스도의 영이시다. 우리는 하나님의 음성을 위장한 자기 음성이 있을 수 있음을 늘 조심해야 한다. 그러므로 성령 안에 거하고 성령 충만함을 받기 위해서는 더욱더 말씀을 가까이해야 한다. 말씀을 통한 성령의 역사를 체험해야 한다. 진리인 말씀을 통해 거짓된 나의 껍데기를 벗겨 내는 작업을 쉬지 말고 해야 한다. 이런 훈련이 되면 성령 안에서 기도하기가 훨씬 더 쉬워진다. "모든 기도와 간구를 하되 항상 성령 안에서 기도하고"(엡 6:18).

성경으로 기도하라

우리가 기도를 생각할 때 가장 먼저 떠올려야 할 것은 말씀이다. 기도와 말씀은 동반관계이다. 기도는 우리로 하여금 하나님의 말씀인 성경에 이르게 하고, 하나님의 말씀은 우리로 하여금 기도하게 만든다. 둘은 언제나 함께한다. 이것을 분리해서 생각하는 것은 진정한 경건이 아니다. 말씀과 기도를 병행하지 않을 때 언제나 문제가 생긴다. 그럼에도 많은 사람이 성경 읽는 것과 기도하는 것을 분리해서 생각한다. 그러나 그것은 무지한 까닭이다. 기도와 말씀은 하나이다. 처음부터 말씀과 기도를 병행해서 기도하는 법을 배우는 일은 대단한 축복이다. 그동안 우리는 대부분 이런 기도를 배우지 못했기에 생소하다. 그러나 처음부터 이 방법을 기초로 기도하면 당신의 기도는 놀라운 능력을 발휘하게 될 것이다.

지금까지 대부분 한국교회의 기도 방식은 교인들이 구역, 또는 목장, 아니면 소그룹 단위로 함께 모여 기도제목을 나누고, 그것을 놓고 서로 간구해주는 형태였다. 아니면 자기가 소원하는 바를 아뢰면서 부르짖어 기도하는 모습이었다. 물론 이런 방식도 기도의 한 모습이라 할 수 있지만 자칫 자기 한풀이식 기도나 자기 욕심의 기도가 될 수 있는 위험이 있다.

그러므로 우리는 개인적으로 기도하거나 그룹으로 기도할 때 항상 말씀에 의지해서 기도하는 훈련을 해야 한다. 성경을 공부한 후에 기도하거나 성경을 읽으면서 떠오르는 구절을 가지고 기도해도 효과적이다. 아니면 기도 중에 암송한 말씀이 떠오르면 그것으로 기도할 수도 있다. 또한 성경을 함께 읽고 묵상하면서 거기에서 기도제목을 정해 기도하는 방식을 택할 수도 있다. 성경을 나의 말로 바꿔 기도하거나 성경 말씀카드를 준비해서 그 구절을 가지고 기도할 수도 있다. 어떤 방식이든지 내 생각대로 기도제목을 정하기보다는 말씀에 기초하는 것이 가장 좋은 기도 방법이다.

기도의 사람 조지 뮬러는 언제나 말씀을 붙들고 기도했다. 수많은 고아를 먹이는 일은 결코 쉬운 일이 아니었다. 그는 매일매일 양식을 걱정해야 했다. 하지만 그때마다 성경 말씀을 붙잡고 어려운 환경을 극복해 나갔다. 걱정이나 불안이 생기면 즉시 말씀을 붙잡고 위로를 얻으면서 하나님께 나아가 약속에 근거해서 기도했다.

기도하기가 어려운가? 그러면 먼저 성경으로 들어가라. 기도할 마음이 생기지 않는가? 그러면 말씀을 읽고 묵상하라. 하나님의 말씀이 나로 하여금 기도하게 할 것이다. 주님이 기뻐하시는 기도와 성경에서 말하는 바른 기도를 배우고 싶거든 지금부터라도 말씀에 근거해서 기도하도록 하자.

이야기와 대화로
기도하라

이야기와 대화는 하나님이 오직 인간에게만 주신 특권이다. 인간이라면 누구나 할 수 있는, 모든 인간에게 주신 하나님의 동일한 선물이다. 이야기와 대화로 기도하는 것은 이야기하듯 편안하게 기도하는 것을 의미한다. 우리가 대화를 나눌 때 가장 중요한 것은 말이 아니라 열린 마음으로 진솔하게 대화를 주고받는 것이다. 예를 들어 하나님께 기도할 때 아버지와 아들이 대화하듯 기도할 수 있다. 이것은 초신자가 가장 쉽게 접근할 수 있는 방법 중 하나이다. 사랑하는 사람과 이야기하듯 하나님과 대화하는 것 역시 좋은 기도이다. 친근하게 하나님을 부르면서 인격적인 대화를 나누는 시간은 얼마나 행복한 순간인지 모른다. 대화하는 사람들을 보라. 시간 가는 줄 모른다. 대화가 무르익으면 두세 시간은 그냥 지나간다. 기도도 이처럼 할 수 있다.

그렇다면 친구와 대화하듯 하나님과 대화할 수 없을까? 기도가 어려운 것은 대화로 생각하기보다는 혼자 일방적으로 부르짖고 말한다고 생각하기 때문이다. 다른 종교에는 대화로서 기도라는 것이 존재할 수 없다. 기도하는 대상이 인격이 아니고 물체나 허상, 또는 자기 자신이기에 서로 대화를 나눌 수 없다. 그래서 그들은 기도할 때 혼자 중얼거리거나 주문을 외우거나 계속 반복해서 염불을 외우게 된다.

그러나 그리스도인의 기도는 다르다. 분명한 대상이 있다. 우리의 기도를 받으시는 하나님은 인격적인 분이시다. 우리보다 완벽한 분이시다. 지정의를 갖춘 대화가 가능한 분이시다. 오직 한 가지 다른 점은 눈에 보이지 않기에 마음으로 보아야 한다는 점이다. 기도를 서로의 대화로써 접근해야 하는데, 우리는 그동안 이방인의 기도에 익숙했던 탓에 그렇게 하지 못했다. 한국교회도 예외가 아니었다. 지금부터라도 제대로 배워야 한다. 대화로써 기도를 확산시켜 나가야 한다. 기도를 통해 재미있고 즐거운 대화를 나누면 나눌수록 관계가 깊어지면서 만남이 풍요로워지는 경험을 해야 한다.

대화를 나눌 때는 아주 편안하다. 좋은 관계라면 이보다 더 행복한 시간도 없다. 전혀 지루하지 않을 뿐만 아니라 밤새도록 대화해도 지치지 않고, 오히려 힘이 난다. 만약 대화식의 기도를 회복한다면 우리의 기도는 지금보다 훨씬 나아질 것이다. 기도의 즐거움을 만끽하게 될 것이다. 그리고 신앙이 더욱 성숙해질 것이다.

우리의 기도를 들으시는 하나님은 우리 안에 늘 거하신다. 높은 하늘에 거하시는 것이 아니라 이미 내 안 성령의 전에 거하신다. 그렇다면 많은 부분에서 우리의 기도를 다시 한번 생각해보아야 한다. 이제는 종교적인 기도방식에서 친밀한 관계를 맺고 영적인 만남을 깊게 이루어가는 이야기와 대화식의 기도로 나가야 한다.

ACTS 방법으로
기도하라

우리는 오랫동안 'ACTS 기도방법'을 행해왔다. 누구든지 쉽게 기도를 배울 수 있는 좋은 방법이다. ACTS 기도방법이란 찬양(Adoration), 고백(Confession), 감사(Thanksgiving), 간구(Supplication)의 순서에 따라 기도하는 것이다. 즉 개별적인 기도의 종류인 찬양기도, 고백기도, 감사기도, 간구기도, 중보기도를 전체적으로 통합해서 할 수 있는 효과적인 기도훈련 방법이다.

▶ 찬양기도, 하나님의 이름과 하신 일을 찬양함

우리의 기도를 들으시는 하나님에 대해 자랑하는 일은 기도에서 가장 중요한 부분이다. 하나님을 찬양한다는 것은 하나님의 모습에 대해, 또 그분이 행하신 일에 대해 자랑하는 것을 의미한다. 기도는 하나님을 자랑하는 일로부터 시작해야 한다. 기도드리는 대상인 하나님을 신뢰하지 못하고, 그분에 대한 존경심이 생기지 않는다면 기본적으로 기도에 들어갈 수 없다. 하나님에 대한 존경과 그분의 모습을 자랑하는 일은 기도에 힘을 준다.

우리는 하나님을 묵상하면서 그 성품에 사로잡힐 때마다 놀라운 힘을 얻게 된다. 우리가 기도하는 하나님은 우리가 생각하는 것보다 훨씬 놀라운 능력의 하나님이시다. 찬양이 잘되지 않는가? 주님을 자랑하는 일에 인색한가? 그렇다면 하나님의 성품에 대해 더욱 깊이 알아가야 한다.

▶ 고백기도, 나의 죄를 자복함

기도를 방해하는 가장 큰 요인은 바로 죄다. 인간은 태생적으로 죄를 갖고 태어난다. 죄가 있으면 상대방을 쳐다보기도 어렵고, 상대방과 이야기하는 것도 거북하다. 특히 상대방에 대해 잘못한 일이 해결되지 않으면 진정한 만남이 있을 수 없다. 마찬가지로 하나님과 만날 때 가장 먼저 해결해야 할 과제는 죄를 회개하는 일이다. 죄를 가지고는 하나님과 만날 수 없다. 하나님은 우리가 지은 죄를 고백하고 인정하며 잘못된 행동에서 과감히 돌아서는 결단을 했을 때 우리를 용서해주신다. 그리고 드디어 진실한 대화가 이루어진다. 이런 점에서 회개는 하나님과 기도에 있어 꼭 해결해야 할 과제이다.

그렇다면 죄란 무엇인가? 우리는 죄를 생각할 때 외적으로 나타난 도덕적이고 윤리적인 행위에 초점을 두는 경향이 있다. 그러나 그것은 외적으로 나타난 현상일 뿐이다. 죄는 더 근원적이며 깊다. 죄란 한마디로 나 자신을 하나님보다 더 높이고 인정하는 것이다. 반대로 회개란 한마디로 나의 한계를 인정하는 것이다. 하나님을 받아들이고 그 앞에 무릎 꿇는 것이다. 자기를 낮추는 일이요, 자기를 철저히 죽이는 일이다.

우리는 그동안 나 중심으로 살아왔다. 모든 것을 내 생각대로 행했다. 하나님의 뜻과는 다르게 언제나 내 뜻을 앞세웠다. 이것은 그리스도인이 된 이후에도 마찬가지다. 생각으로는 하나님의 뜻과 말씀에 순종한다고 하면서도 막상 현실에서는 여전히 내 생각과 고집대로 일을 처리했다. 우리는 이것을 죄라고 말한다. 죄는 시기와 질투와 욕심과 분노와 남에게 해를 끼치는 모습 등으로 나타난다.

▶ 감사기도, 하나님께 받은 은혜를 감사드림

우리는 언제 감사를 드려야 하는가? 하나님의 은혜를 깨달았을 때이다. 감사는 하나님의 은혜를 깨달을 때 나오는 성령의 열매이다. 아무리 감사하고 싶어도 내 힘으로는 되지 않는다. 전적으로 하나님의 은혜로 가능한 일이다. 감사한다는 것은 하나님의 사랑을 알았다는 것이다. 왜 우리가 불평하고 원망하는가? 환경이 어려워서가 아니라 하나님의 은혜를 보지 못하기 때문이다. 감사하지 못하는 사람들을 데리고 중환자실이나 장애인 시설을 방문해보라. 어렵고 소외된 지역을 방문해보라. 그리고 자원봉사를 시켜보라. 그러면 자기도 모르게 감사가 저절로 나올 것이다.

나는 매달 두 번씩 구치소를 방문하면서 은혜를 받는다. 은혜를 끼치러 갔다가 오히려 그들에게서 은혜를 받고 오는 때가 많다. 갇혀 있는 그들을 볼 때면 밖으로 나와 세상에서 자유롭게 내 마음대로 다닐 수 있는 이 삶이 얼마나 감사한지 모른다. 조금만 더 넓게 보면 우리는 감사하지 않을 수 없다. 문제는 시야가 좁고 생각이 제한된 것이다. 우리는 경험한 것 이상을 보지 못하기에 늘 불평하게 된다.

기도를 통해 먼저 내가 하나님의 은혜를 얼마나 거저 받고 살아가는지를 발견하고 하나님께 감사해야 한다. 감사할 조건은 찾으면 수없이 많다. 헤아릴 수 없다. 찾아보면 나보다 못한 사람들, 나보다 힘들게 사는 사람들이 부지기수다. 무지하기에 불평하는 것이다. 그러나 하나님의 은혜를 알아갈수록 우리는 더 많은 감사를 하게 된다. 가장 큰 감사의 조건이 있다면 나를 죄에서 영원히 구원해주신 주님의 십자가 사랑이다.

▶ 간구기도, 나의 필요를 청원함

하나님께 무엇인가를 구하고 아뢰는 것을 간구기도, 또는 청원기도라고 한다. 하나님은 우리에게 구하면 주신다고 말씀하셨다. 구하는 것은 잘못된 일이 아니다. 인간으로서 하나님께 구하는 것은 당연하다. 자녀가 부모에게 무엇을 구하는 것은 이상한 일이 아니다. 우리가 가장 많이 하는 기도를 들라면 단연코 간구기도라고 할 수 있다. 우리가 사는 세상은 간구해야 할 일이 너무나 많기 때문이다. 사람마다 필요한 것들도 다양하다.

그런데 여러 가지 기도 중에서도 가장 문제가 될 수 있는 게 바로 간구기도이다. 구하는 것 자체는 문제가 아니지만 중요한 것은 무엇을 구하는가이다. 그동안 우리가 구한 내용은 너무나 물질적이고 육신적인 내용이 많았다. 영원하고 가치 있는 것보다는 일시적이고 가치 없는 것에 많은 시간을 내서 기도할 때가 잦았다. 이제 나를 위한 기도보다 이웃과 하나님의 나라를 위한 기도가 많아져야 한다.

우리가 하나님께 간구기도를 드릴 때 내 편에서만 생각하지 말고, 주시는 하나님의 편에서 기도해야 한다. 우리가 믿는 하나님은 좋으신 하나님이기에 언제나 우리에게 가장 좋은 것을 주신다. 하나님이 보실 때 일시적인 것이 아니라 영원히 가치 있는 것을 주신다. 내가 필요한 것을 누구에겐가 간구할 수 있다는 것은 얼마나 행복한 일인가! 무엇이든지 불가능이 없는 하나님께 청원할 수 있는 것은 그분의 자녀들에게만 주신 특권이다. 아버지 되시는 하나님께 우리의 구할 바를 마음껏 구하라. 그러나 분명한 것은 언제나 하나님께 영광이 되는 원칙에 따라 주신다는 사실을 잊지 말아야 한다.

▶ 중보기도, 다른 사람을 위한 기도

중보기도란 다른 사람을 위해 기도하는 것이다. 아는 사람뿐 아니라 잘 모르는 사람까지 포함된다. 가정과 이웃, 사회와 국가와 전 인류를 위해 기도해야 한다. 사실 중보기도는 간구기도에 속하는 또 다른 형태의 기도라고 할 수 있다. 내 문제가 아니라 다른 사람들을 위해, 그것도 나와 전혀 관련 없어 보이는 사람을 위해 기도하는 것은 그리 쉬운 일이 아니다.

흔히 중보기도를 기도의 꽃이라고 말한다. 중보기도는 기도의 정점이자 마지막 도달점이다. 기도생활을 오래 하다 보면 나중에는 자연히 중보기도로 옮겨가게 된다. 중보기도를 해야 하는 중요한 이유는 이 세상은 나 혼자만 잘되는 게 전부가 아니기 때문이다. 이웃은 또 다른 나의 몸이다. 이웃이 잘되어야 내가 잘된다. 공동체가 건강해야 내가 건강하다. 지구 환경이 파괴되면 이 땅의 모든 인간이 영향을 받는 것처럼 이웃이 죄로 오염되면 나도 한순간 그와 같이 된다.

이웃의 문제는 곧 나의 문제이다. 다른 사람이지만 알고 보면 그의 일이 바로 내 일이다. 가정이 잘되어야 내가 잘되듯이 사회와 이웃과 나라가 잘되어야 내가 잘된다. 중보기도를 많이 하면 내게 오는 유익이 많다. 그들을 위해 중보기도를 하다 보면 어느 순간 나도 모르게 그들을 많이 사랑하는 사람으로 변하게 된다. 많은 사람을 사랑하는 사람으로 달라지게 된다. 이렇게 중보기도를 하는 사람에겐 하나님이 가장 큰 축복을 선물로 주실 것이다.

1단계 : 나아가라

   기도란 어린아이가 처음으로 아버지를 부르면서 말을 거는 것과 같다. 그때 한 가지 조건이 있다면 하나님을 사랑함으로써 말을 시작한다는 것이다. 미사여구를 사용하거나 오래 기도해야 한다는 강박관념에서 벗어나야 한다. 내가 이해한 하나님을 생각하면서 그분과 대화하듯 말하면 된다. 하나님은 이미 나의 마음을 알고 계신다. 외적인 모습이 조금 서투르고 실수한다 해도 하나님은 이미 내 마음을 알고 계시기에 크게 문제될 것이 없다. 배우는 심정으로 주님께 나아가면 된다. 진실한 마음과 정직한 열정으로 나아가면 된다. 부족한 부분은 차츰 보완하면 좋아질 것이다. 복잡하게 생각하지 말고, 오직 주님만 생각하면서 단순하게 나아가라. 그리고 마음을 열어 주님께 아뢰라. "너희가 내게 부르짖으며 내게 와서 기도하면 내가 너희들의 기도를 들을 것이요 너희가 온 마음으로 나를 구하면 나를 찾을 것이요 나를 만나리라"(렘 29:12-13).

2단계 : 대화하라

기도할 때 사랑하는 사람과 대화하듯 하나님과 대화하면 된다. 그러면 이미 기도가 시작된 것이다. 대화가 잘되지 않으면 말씀을 통해 기도의 대상인 하나님에 관해 공부하면 된다. 하나님을 마치 비인격적인 대상이나 죽은 신처럼 생각해서는 안 된다. 하나님을 그렇게 생각하면 그 순간, 기도가 아니라 허공에 부르짖는 소리 없는 독백이 되고 만다. 나를 사랑하시는 하나님, 지금도 나의 기도를 들으시고 나의 인생에 관심을 두고 은혜를 베풀려고 다가오시는 아버지 되시는 하나님을 생각하면서 대화하면 된다. 하나님에 대해 마음을 열고 그분에 대한 존경심으로써 그 위대함을 찬양하며 대화하면 된다.

누구나 대화할 수 있다. 아버지와 아들이 대화하듯 기도하면 된다. 혼자 말하려면 힘들고 지루하지만 대화를 나누다 보면 즐겁고 재밌어진다. 혹시 내가 대화하는 방법이 조금 서툴다고 느껴져도 우리 대화의 대상인 좋으신 하나님이 우리의 대화를 좋은 방향으로 이끄심을 믿고 기도의 자리에 들어가라. 염려하지 말고 하나님께 나아와 대화를 시작하라. 대화를 나누다 보면 나도 모르게 하나님의 대화 방법을 터득하게 되고, 좋은 대화를 나누는 사람으로 변할 것이다.

3단계 : 들으라

많은 사람이 기도를 힘들어하는 이유 중 하나가, 바로 이렇게 독백식으로 혼자 중얼거리는 기도를 하기 때문이다. 또한 진실이 사라지고 거짓과 위선이 나타날 때 기도가 막힌다. 진실하게 나의 부족함을 인정해야 한다. 종종 모임 중에 혼자서 자기 이야기만 하는 사람을 본다. 그 사람은 아직 자기를 잘 모르는 것이다. 자기가 제일 뛰어나다는 교만함이 있기에 그런 모습이 나온다. 하나님 앞에서 어떻게 나의 이야기만 계속할 수 있겠는가!

진정으로 하나님을 느낀다면 오히려 하나님의 말씀을 듣는 일에 시간을 들일 것이다. 기도는 내가 말하는 것보다 오히려 듣는 쪽에 가깝다. 나보다 못한 사람과 대화할 때는 내 말에 열중한다. 그러나 반대로 나보다 위대한 사람과 만나 대화할 때는 내가 말하기보다 주로 듣게 된다. 하나님과의 교제도 마찬가지다. 기억하라. 기도는 듣는 것이다.

우리는 하나님의 음성을 들으려고 힘써야 한다. 그러면 할 말이 생각난다. 할 말이 없거든 먼저 주님의 음성을 듣는 데 열중하라. 계속 쉬지 않고 혼자 기도하는 것에 익숙한 사람은 이것이 무척 힘들 것이다. 듣는다는 것이 어려운 고역이 될 수 있다. 그러나 우리는 처음부터 이렇게 기도하는 법을 배워야 한다. 그래야 기도에 쉽게 들어갈 수 있다. 기도는 대화이기 때문이다. 성경 말씀을 생각하거나, 하나님의 마음을 읽거나, 하나님은 현재 나의 모습을 어떻게 바라보실까 영으로 느껴보라. 잠시 침묵하고 그분의 음성을 듣도록 해보라. 그 시간을 두려워하거나 어색해하지 말라. 침묵하고 그분의 음성을 듣는 시간 자체가 기도의 시간이다.

우리는 흔히 내가 무엇을 계속 말하는 순간만 기도의 시간이라고 생각한다. 그것은 기도에 대한 오해에서 비롯된 것이다. 오랫동안 주문식의 기도나 중얼거리며 혼자 부르짖는 기도에 익숙한 우리 교회문화 속에서 자연스럽게 몸에 밴 영향이 크다. 사람을 앞에 앉혀놓고 계속 혼잣말을 한다면 그것은 상대방에 대한 모욕이다. 하나님 앞에서 어떻게 내 말만 할 수 있겠는가! 잠잠히 참고 하나님의 음성에 귀 기울이는 시간을 자주 갖는 것이 중요하다.

훌륭한 사람과 대화하다 보면 점차 나의 부족함이 드러나면서 말이 적어지고 상대방의 말을 경청하게 된다. 그러면서 나도 모르게 좋은 대화에 익숙하게 된다. "기도는 기도를 통해 배운다"라는 말이 바로 이런 뜻이다. 우리는 기도하면서 점차 더 좋은 기도를 배우게 된다. 그것은 내 안에 성령님이 계시기 때문이다. "이와 같이 성령도 우리의 연약함을 도우시나니 우리는 마땅히 기도할 바를 알지 못하나 오직 성령이 말할 수 없는 탄식으로 우리를 위하여 친히 간구하시느니라. 마음을 살피시는 이가 성령의 생각을 아시나니 이는 성령이 하나님의 뜻대로 성도를 위하여 간구하심이니라"(롬 8:26-27).

4단계 : 사랑하라

기도의 절정은 하나님을 사랑하는 것이다. 어떤 사람과 즐겁게 대화를 나눈다는 것은 곧 그 사람을 사랑한다는 의미이다. 연인이 대화를 나누는 모습을 보고 우리는 무엇을 느끼는가? 바로 사랑이다. 기도를 많이 하면 사람이 어떻게 변하는가? 사랑의 사람이 된다. 기도를 통해서 하나님과 우리 사이가 더욱 깊은 사랑의 관계에 들어가게 된다. 이것이 기도의 목적이다. 기도의 최종 목표는 우리가 많은 것을 구해 얻어내는 데 있지 않다. 기도는 하나님을 더욱더 사랑하며 그분과 일치를 이루는 것이다. 그것에 기도의 초점을 두어야 한다. 사랑 없는 기도는 이기적인 기도이다. 사랑에 목표를 두지 않는 기도는 정욕적인 기도이다. 이런 점에서 기도는 사랑하는 주님께 나의 모든 것을 맡기는 것이다.

이 단계에 이르면 더는 말이 필요 없다. 오히려 말이 상황을 더 복잡하게 만들 수 있다. 그 순간 그냥 그분을 느끼고, 그분을 바라보기만 하면 된다. 사랑이 절정에 이를 때 연인들은 어떻게 하는가? 상대방을 응시하고, 오직 상대방의 눈에 초점을 두고, 말없이 온 마음으로 상대방을 느끼지 않는가! 그 순간에 말은 불필요한 도구일 뿐이다.

오늘 우리는 오직 그분만 바라보고, 그분께 나의 모든 것을 드리는 사랑의 상태에 도달해야 한다. 항상 그 상태에 머물러 있는 사람이 영적으로 충만한 사람이다. 주님이 내 안에, 내가 주님 안에 있는 완전한 일치를 이루는 순간이다. 생각과 마음이 하나님과 연합을 이루어 오직 그분의 뜻만 나타나는 상태이다. 생각만 해도 설레는 광경이다. 우리가 기도를 통해 이뤄야 하는 비전이 있다면 주님을 깊이 사랑하고, 주님을 닮은 사랑의 사람이 되는 것이다. 최고의 능력은 사랑이다. 기도의 최고봉은 하나님의 사랑 안에 들어가 하나님의 사랑으로 변화되는 것이다. 사랑을 꿈꾸며 기도하자!

성경 인물을 통한
기도훈련

가장 좋은 기도훈련은 성경을 통한 것이다. 성경보다 좋은 지침은 없다. 특히 성경에 나오는 위대한 인물들은 모두 기도의 사람들이다. 누구를 기도의 모델로 삼을까 하고 고민하고 있다면 지금 즉시 성경을 펴서 그 안에 있는 기도의 인물들을 살펴보라. 그보다 좋은 모델은 없다. 우리는 기도할 때 좋은 모델을 찾기 원한다. 기도의 사람들의 간증도 들어보고, 그들의 기도의 삶과 체험을 통해 그들처럼 기도하기를 원한다.

또한 기도의 사람들은 우리 주위에도 많다. 지금 가까운 기도원에 가보라. 기도하는 사람들로 넘쳐날 것이다. 그들은 하나님을 찾고 만나서 기도하기 위해 열일 제쳐두고 그곳에 모인 사람들이다. 그런데 이런 기도원이 전국에 수백 개가 넘는다. 좋은 일이다. 그곳에 가면 기도하는 사람들을 쉽게 만날 수 있다. 우리나라에는 기도하는 사람들이 참으로 많다.

사람은 완벽하지 못하다. 아무리 능력 있는 모습이라 해도 불완전하고 잘못된 가르침이 될 수 있다. 이것을 방지하려면 성경에서 기도의 원형을 찾아야 한다. 성경의 인물들이야말로 가장 좋은 기도의 모델이다. 성경에 나오는 기도의 사람들을 연구하면서 기도를 훈련해야 한다. 우리는 그동안 이런 훈련이 부족했다. 성경의 인물을 모델삼아 기도하기보다는 사람들의 기도 모양에 휩싸여 그것을 흉내 내는 경우가 많았다.

이제 성경에 나오는 기도의 인물들을 찾아 그들의 기도의 삶을 연구하고 배우면서 기도훈련을 해야 한다. 한 번 기도의 습관을 잘못 들이면 평생 그것에서 벗어나기가 쉽지 않다. 그러므로 초신자들은 성경 인물들의 기도를 먼저 배워야 한다. 성경 안으로 들어가면 수많은 기도의 거인들을 만날 수 있다. 그들을 배우면서 모델로 삼아야 한다. 성경의 기도 인물들을 뽑아 그들의 기도의 삶을 공부하면서 기도를 익히도록 해야 한다.

예를 들어 아브라함의 기도(창 15:2-3, 18:23-33), 야곱의 기도(창 32:9-12), 모세의 기도(출 8:12, 민 27:15-17), 여호수아의 기도(수 4:15-18), 기드온의 기도(삿 6:36-40), 한나의 기도(삼상 1:9-

13), 다윗의 기도(시 31편, 57편, 142편), 솔로몬의 기도(왕상 3:5-9, 8:29,38-39), 엘리야의 기도(왕상 18:36-37), 히스기야의 기도(왕하 19:14-19), 욥의 기도(욥 13:20-14:22), 예레미야의 기도(렘 14:20-22), 에스라의 기도(스 9:6), 느헤미야의 기도(느 1:4-11), 다니엘의 기도(단 9:17-19), 하박국의 기도(합 3장), 사가랴의 기도(눅 1:13), 예수님의 기도(요 17장) 등을 들 수 있다.

말씀을 통한
기도훈련

기도할 때 가장 위험한 것은 자신의 생각과 욕심으로 기도하는 것이다. 사람은 본래 악한 존재이기에 언제 어디서나 자기 중심으로 생각할 수밖에 없다. 무엇을 생각하더라도 자기의 입장에서만 생각하고 자기의 이익을 추구하는 경향이 짙다. 이러한 경향은 기도할 때도 그대로 드러나 하나님을 자기의 도구로 사용할 가능성이 늘 존재한다. 실제로 우리는 아무리 하나님의 뜻에 따라 기도하고 싶어도 자기도 모르게 자신의 욕구를 추구하는 경우를 많이 보게 된다.

한편 어떤 때는 하나님의 뜻대로 하고 싶어도 하나님의 뜻을 잘 알지 못하는 상황도 생긴다. 기도의 목적은 하나님의 영광과 이름을 나타내는 데 있다. 인간의 필요도 결국은 하나님의 영광을 나타내는 데 사용되어야 한다. 하나님을 향해 나아가는 바른 기도를 하려면 무엇보다 먼저 말씀이 기초가 되어야 한다. 말씀이 기도의 방향을 잡아주어야 한다. 그래서 말씀을 통한 기도훈련이 필요하다. 이 훈련은 기도와 말씀을 일치시키는 것이다. 말씀에 근거한 기도훈련은 인간의 욕구나 생각에서 벗어나게 하는 좋은 방법이다.

기도제목을 정할 때도 나 자신이 아니라 말씀에 따라 정해야 한다. 기도는 하나님의 뜻에 나의 뜻을 일치시키는 것이다. 우리는 그동안 나의 필요에 따라 기도제목이나 방향, 내용 등을 정했다. 이처럼 나 중심으로 하다 보니 모든 기도가 내 생각을 벗어나지 못한 채 주위만 맴돌았다. 이것을 원천 봉쇄하는 방법은 기도에 말씀을 포함시키는 것이다. 성경은 기도의 제목들로 가득 차 있다. 성경을 읽다 보면 신기하게도 기도의 동기가 생기고 기도의 제목들이 생각난다.

성경을 선택해 읽으면서 구절구절에서 깨달아지는 내용을 묵상하며 그 말씀을 가지고 기도하면 된다. 처음에는 성경에 나오는 기도문을 전체적으로 정리해서 그 기도문을 읽고, 그것으로 기도하면 된다. 비교적 쉽게 이해되는 성경을 선택하거나 서신서, 잠언이나 전도서 등을 가지고 기도해도 된다. 말씀을 읽으면서 거기에서 많은 기도제목을 찾아낼 수 있다. 어느 정도 훈련이 되면 사건이나 인물 이야기를 읽고, 그것에서 깨달아지는 교훈을 찾는 방식으로 기도할 수 있다. 암송 구절을 가지고 기도할 수도 있고, 좋은 성경 구절을 찾아 노트에 적고 그것으로 매일 기도할 수도 있다.

▶ 말씀 기도의 예

＊ 성경 말씀 :

"한 사람이 두 주인을 섬기지 못할 것이니 혹 이를 미워하고 저를
사랑하거나 혹 이를 중히 여기고 저를 경히 여김이라. 너희가 하
나님과 재물을 겸하여 섬기지 못하느니라"(마 6:24).

＊ 기도 :

우리를 창조하시고
모든 인생을 살피시는 하나님 아버지!
하루의 삶을 살아가면서
때때로 하나님과 세상 사이에서 방황하는
어리석은 저를 용서하소서.
제 인생의 가치관을
하나님에 대한 신앙으로 정하도록 도와주소서.
오직 하나님만을 섬기고
물질을 하나님의 선물로 받아들이며
하나님의 뜻에 따라 쓸 수 있는 마음을 주소서.
하나님보다 물질을 우선하여
물질 때문에 하나님을 배반하는 어리석음에
빠지지 않도록 도와주소서.

예수님의 이름으로 기도합니다. 아멘.

시편을 통한
기도훈련

시편 기도는 초대교회부터 사용한 기도훈련이다. 예수님도 애용하셨다. 에베소서 5장 19절에는 "시와 찬송과 신령한 노래들로"라는 말이 나오는데, 여기서 시는 시편을 말한다. 시편 기도는 모든 기도 중에 으뜸가는 기도이다. 시편 기도는 그리스도의 위로를 기초로 그분의 이름으로 성령 안에서 드리는 기도이다. 시편 기도는 우리에게 신앙의 길이 될 뿐 아니라 이정표 역할을 한다. 역사적으로 많은 믿음의 사람이 시편을 애용했고, 시편을 통해 기도를 배웠다. 우리는 기도의 풍부한 보고(寶庫)인 시편을 더욱 사랑해야 한다.

시편을 잘 활용하면 기도에 많은 도움을 얻을 수 있다. 시편 기도는 아주 다양하다. 예를 들어 찬양에 대한 기도(33편, 47편, 96편, 105편), 감사에 대한 기도(18편, 28편, 42편, 86편), 탄식에 대한 기도(44편, 74편, 79편, 80편, 94편), 죄 고백에 대한 기도(22편, 28편, 38편, 42편, 88편) 등이다.

시편 말씀은 그 자체가 기도이자 찬양이요, 노래이기에 기도의 교과서와도 같다. 그냥 그대로 읽고, 그대로 기도해도 그 자체로 훌

룽한 기도가 된다. 그동안 우리는 시편을 잘 활용하지 못했다. 기도의 보고를 150개나 가지고 있음에도 그동안 그것을 사용하는 것에 무지했고 게을렀다. 이미 성경 안에 훌륭한 기도의 교과서가 있음에도 말이다.

시편 기도는 기도의 방향과 목적, 내용, 자세, 특징까지 아주 다양하게 기록되어 있다. 천천히 묵상하면서 영적 세계에 들어가기에 아주 유용한 영적 자산이다. 시편은 오늘날 우리의 기도에 더 없는 동반자이다. 예를 들어 시편 23편은 그냥 읽기만 해도 은혜가 된다. 아무리 읽어도 지루하지 않다. 그것을 나의 기도로 드릴 수 있기 때문이다.

다음은 시편으로 기도문을 만든 것이다.

하나님! 나의 부르짖음을 들으소서.
나의 기도를 귀담아 들으소서(시 61:1).

나의 구원이 그분에게서 오니
내 영혼은 오직 하나님 품에서 안온하구나.
그분 홀로 나의 반석, 나의 구원이시요
나의 요새이시니 나는 흔들리지 아니하리라(시 62:1-2).

나의 영혼아 오직 하나님 품속에서 고이 쉬어라.

나의 희망은 오직 그분께 있나니

그분 홀로 나의 반석, 나의 구원이시요

나의 요새이시니 나는 흔들리지 아니하리라.

나의 구원과 영광은 하나님께 있으니

그분은 나의 힘 되신 반석, 그 하나님께 피신하리라.

백성들아 어떤 일을 당하든지 너희는 하나님을 믿어라.

마음에 있는 걱정은 하나님께 쏟아놓아라.

하나님은 우리의 피난처이시니이다(시 62:5-8).

나는 들었나이다.

힘은 하나님이 주신다는 것을(시 62:11).

영광스러운 그 이름, 길이 길이 찬양받으소서.

그 영광 온 땅에 가득히. 아멘, 아멘(시 72:19).

주기도문을 통한
기도훈련

기도 중에 가장 훌륭한 기도를 꼽으라면 단연 주기도
문이다. 마태복음 6장 9~13절 내용으로 예수님이 제자들에게 기도를 가르쳐주신 것이다. 이것은 오늘날 우리에게도 기도의 좋은 지침이 된다. 주기도문의 정신이 우리의 기도에 심어져야 한다.

주기도문은 하나님에 대한 부분과 인간에 대한 부분으로 나뉘어 있다. 하나님에 대한 부분은 하나님의 이름과 그 거룩하심과 하나님 나라와 하나님의 뜻이 이뤄지는 내용을 담고 있다. 인간에 대한 부분은 물질적인 것, 즉 일용할 양식을 달라는 것과 영적인 부분, 즉 우리의 죄를 용서해주시고, 시험과 악에서 구원해달라는 내용을 담고 있다.

기도에서 가장 중요한 부분이며, 먼저 구해야 할 내용은 하나님의 영광과 하나님의 나라와 뜻이 이 땅에 이루어지는 것이다. 이것은 기도의 궁극적인 목적이다. 그다음 인간에게 필요한 일용할 양식이나 육신적 일에 대한 간구이다. 또 세상의 악에서 구원받고 시험에 들지 않게 해달라는 기도 역시 매 순간 해야 한다. 예수님이 가르쳐주신 기도는 그 내용은 짧지만 핵심적인 것이 다 들어 있다.

주기도문은 우리의 기도가 잘못될 수 있는 점을 미리 방지해주는 역할도 한다. 기도할 때마다 주기도문의 내용을 잊어버리지 말고 우리의 기도에 적용해보라. 주기도문을 보면 기도의 중심에 내가 아니라 하나님이 계심을 발견하게 된다. 나의 뜻을 구하는 것이 아니라 하나님의 뜻을 이루고, 이 세상을 건설하는 것이 아니라 하나님의 나라를 건설하는 기도가 되어야 한다. 주기도문은 하나님과의 관계, 나 자신과의 관계, 이웃과의 관계, 세상과의 관계가 균형 있게

세워져야 함을 강조하고 있다. 기도를 통해 균형 잡힌 신앙의 모습
으로 세워짐을 발견할 수 있다.

> 하늘에 계신 우리 아버지여
>
> 이름이 거룩히 여김을 받으시오며 나라가 임하시오며
>
> 뜻이 하늘에서 이루어진 것같이 땅에서도 이루어지이다.
>
> 오늘 우리에게 일용할 양식을 주시옵고
>
> 우리가 우리에게 죄 지은 자를 사하여 준 것같이
>
> 우리 죄를 사하여 주시옵고
>
> 우리를 시험에 들게 하지 마시옵고
>
> 다만 악에서 구하시옵소서. (나라와 권세와 영광이
>
> 아버지께 영원히 있사옵나이다. 아멘.)

명기도문을 통한
기도훈련

좋은 기도문은 기도에 깊이 들어가게 하는 가이드 역
할을 한다. 좋은 기도문으로 훈련하면 나의 기도가 점차 좋은 기도
가 되는 것은 당연하다. 우리는 그동안 이런 방법을 외면하고 그냥
무조건 구할 것을 말하는 식의 기도훈련을 해왔다. 그러다 보니 말

은 많고 기도시간은 긴데, 내용은 빈약하고 핵심에 들어가지 못한 채 늘 가장자리에서 맴도는 경우가 잦았다. 지금이라도 위대한 기도의 사람들이나 영적 신앙의 선배들이 삶 속에서 행했던 기도문을 찾아 우리의 기도훈련 지침으로 삼는다면 얼마나 좋을까 생각해본다.

명기도문을 가지고 기도하는 것은 영적 거인들의 기도의 삶에 들어가 함께 거니는 것과 같다. 그냥 기도문을 읽기만 해도 은혜가 되고 신앙의 깊이를 금방 깨닫게 된다. 동시에 나의 신앙도 그 깊이에 들어가는 것을 느낄 수 있다. 좋은 기도문을 모아 수시로 읽거나 기도하고 싶을 때 그 기도문을 읽으면 내가 무엇을 기도해야 하는지 나의 기도제목을 새롭게 발견할 수도 있다. 예를 들어 다음과 같은 명기도문을 읽고 묵상하면서 나의 기도를 드릴 수 있다.

▶ 길과 진리와 생명이신 주님을 사모하는 기도

오 주님, 예수 그리스도이시여!
주님은 길이요, 진리요, 생명이십니다.
우리가 길이신 주님으로부터
벗어나는 일이 없게 하소서.
우리가 진리이신 주님을 불신하는 일이 없게 하소서.
우리가 생명이신 주님 이외의
그 어느 것에도 머물러 있지 않게 하소서.

우리가 무엇을 믿어야 할지
주님의 성령으로 우리에게 가르쳐주소서.
무엇을 행해야 할지 어떻게 휴식을 취해야 할지를
우리에게 가르쳐주소서.
– 에라스무스

위의 기도문은 길과 진리요, 생명이신 주님을 생각하게 하는 기도이다. 전적으로 주님을 믿고 의지하며 모든 것을 주님이 인도해주시길 기도하는 내용은 우리로 하여금 더욱더 우리 주 예수 그리스도를 신뢰하게 만든다.

▶ 주님의 뜻에 합당한 사람이 되기 위한 기도

오 주님! 저에게 허락하소서.
마땅히 알아야 할 것을 알게 하소서.
마땅히 사랑해야 할 것을 사랑하게 하소서.
주님이 가장 즐거워하시는 것을 찬양하게 하소서.
주님이 보시기에 값진 것을 귀히 여기게 하소서.
주님이 역겨워하시는 것을 증오하게 하소서.
저의 눈을 의지해서 사물을 판단하지 않게 하시고
무지한 인간의 귀로 들은 대로 판단하지 않게 하소서.

눈에 보이는 것과 영적인 것을 분별하게 하소서.

무엇보다도 주님의 뜻에 합당한 것을 탐구하게 하소서.

— 토마스 아 켐피스

오직 주님의 시야와 마음과 생각으로만 세상을 바라보게 하시고, 행동하게 해달라는 토마스 아 켐피스의 기도에는 주님만을 닮고 싶어 하는 심정이 그대로 배어 있다. 이런 기도를 많이 하면 할수록 더욱더 주님의 모습으로 닮아가게 될 것이다.

기도 일기를 통한
기도훈련

기도 일기를 통한 기도훈련은 하루의 생각을 일기로 쓰듯이 순간 떠오르는 영감을 놓치지 않고 기도 일기를 쓰는 것이다. 우리는 늘 말이나 마음으로 하는 것만 기도라고 생각하고, 글로 쓰는 것을 기도에서 제외하려고 한다. 그러나 이것은 옳지 않다. 기도는 언제나 전인적이다. 우리의 모든 것이 기도가 될 수 있다. 이런 점에서 기도 일기를 쓰는 것도 좋은 기도훈련 과정이다.

글로 쓰면 쓰는 과정에서 명확해지고 또 다른 생각이 꼬리를 물고 나오게 된다. 글을 쓰면서 생각이 정리된다. 스쳐 지나가는 생각을 기억해 내는 것은 힘들다. 하지만 글을 쓰면 그것을 다시 묵상하면서 깊은 영감에 잠길 수 있는 장점이 있다.

지금 바로 준비하라. 작은 노트나 메모지에 기도 일기를 써보라. 매 순간 주시는 하나님의 은혜와 깨달음은 성령이 주시는 음성이 될 수 있다. 대화하는 심정으로 기도 일기를 쓰면 아주 좋은 기도훈련이 될 것이다. 또한 글 쓰는 훈련도 되고, 메모하고 정리하는 습관도 들이는 일석이조의 효과도 있다. 그리고 놀라운 통찰력으로 새로운 것을 발견하고, 인생의 방향에 전환점을 찾는 기회를 만날 수도 있다. 역사는 대단한 것에서 일어나는 게 아니다. 한마디의 글이나 단어 하나가 인생을 위대하게 이끄는 원동력이 될 수 있음을 인정한다면 기도 일기를 쓰는 순간이야말로 나의 인생에 중요한 시점이 될 수 있다.

기도의 사람 데이비드 브레이너드의 일기는 우리에게 좋은 모델이 된다. 그는 굉장한 일을 한 사람은 아니었지만 그가 끼친 영향력은 대단했다. 그는 21세에 개종하고 24세에 헌신해서 29세로 세상을 마친 연약한 사람이었다. 폐결핵으로 고생하다가 인디언들 틈에서 이름 없이 죽어간 작은 선교사였다. 그러나 그의 모든 것이 기도였다. 그는 기도로 선교한 사람이었다. 그의 생애와 일기는 후에 미국 대각성운동의 선두주자인 조나단 에드워즈의 심장에 감동을 주었고, 요한 웨슬리의 마음에 큰 전환점이 되었으며, 선교의 아버지라 불리는 윌리엄 캐리에게 영향을 끼쳤다. 여기 그의 일기 몇 편을 소개한다.

1746년 7월 30일

몸도 마음도 평안하다. 드문 일이다. 특히 오전에는 마음이 진지해졌다. 하나님이 곁에 계시는 듯했다. 하는 일에 도우심을 입었다. 어느 때보다도 큰 위로를 받았다. 저녁에는 은밀한 가운데 기도를 하면서 도우시는 손길을 느낄 수 있었다. 많은 깨달음이 있었다. 주님! 저와 우리 이웃들, 그리고 나의 친구들에게 그날 하나님의 보좌를 누릴 수 있는 자유를 허락하소서.

1747년 9월 6일

동생이 가져온 내 생활이 담긴 일기를 읽기 시작했다. 다시 보노라니 기분이 참 좋았다.

1747년 9월 7일

오래된 나의 개인적인 일기를 상당히 많이 읽었다. 쓰지 않았더라면 오래전에 벌써 잊어버렸을 일들이 새롭게 다가와 하나님께 감사하고 기뻐하지 않을 수 없었다. 오늘 밤은 매우 고통스러웠지만 심령으로는 하나님이 영광받으셔야 함을 갈망했다. 아, 영원히 하나님과 함께 살았으면 좋으련만! 내가 그렇게 될 것으로 믿는 그날, 바로 그 온전한 날이 가까이 와 있다. 아, 그날이 오면 모든 죄에서 구원받겠지.

1747년 9월 13일

말씀을 묵상하면서 글을 쓰노라니 심령이 매우 새로워졌다. 하나님께 쓰임받은 것을 깨달으며 기쁜 마음을 느꼈다. 하나님을 위해 무엇인가를 한 것이 마음에 흡족했다.

1747년 10월 6일

주님이 오실 거야. 지체하지 않으실걸. 그럼, 나는 곧 천사들과 함께 하나님을 영화롭게 해야지(데이비드 브레이너드가 임종 마지막에 외친 말).

신앙 공동체를 통한
기도훈련

기도는 개인적인 동시에 공동체적이다. 이 두 가지가 조화를 이룰 때 참된 기도라고 할 수 있다. 사람들은 흔히 기도는 혼자 하는 것으로 오해한다. 그러나 그리스도인의 기도는 개인적인 동시에 공동체적인 특징을 지니고 있다. 개인을 위해 기도해야 하지만 동시에 공동체를 위해 기도해야 한다. 개인적으로 기도생활이 성공했다면 공동체생활에서 기도가 점검되어야 한다. 가끔 산속에서 혼자 도를 터득하듯이 기도한다는 이야기를 듣는다. 하지만 그것이 공동체의 삶에 연결되지 않는다면 진정한 기도의 능력이 아니다. 성경에 나오는 기도는 모두 공동체와 연관되어 있고 공동체의 소산이다. 공동체를 떠나서는 참된 기도가 될 수 없다. 공동체를 외면한 기도는 이기적인 기도이다. 자기만을 위하고 개인적인 안락과 번영을 위한 기도는 더 이상 기도로서의 가치를 상실한다. 기도의 균형은 공동체와 관련이 있다.

기도를 잘하고 싶거든 혼자 떨어져 기도훈련을 하기보다는 교회 공동체 속에서 하는 것이 가장 바람직하다. 교회 공동체와 연관해서 기도훈련을 해야 한다. 언제나 기도의 방향이 공동체를 바라보는 가운데 개인 기도를 해야 한다. 그렇지 않으면 기도의 방향을 상실하고 성경적인 기도에서 멀어지게 된다. 성경에 나오는 기도는 공동체를 떠나서 행해진 게 하나도 없다. 모두 신앙 공동체 속에서 이루어진 기도의 능력이었다.

일상생활을 통한
기도훈련

진정한 기도는 특정 시간, 특정 장소에서만 하는 것이 아니라 모든 시간, 모든 장소에서 하는 것이다. 이 단계까지 이르려면 성숙한 신앙이 있어야 한다. 모든 삶이 기도가 되어야 한다. 이런 점에서 성경은 "쉬지 말고 기도하라"(살전 5:17)고 말씀한다. 이 말씀은 모든 삶 가운데 기도하라는 의미이다. 하나님은 모든 삶에 거하신다. 이것은 우리가 모든 삶에서 기도해야 함을 뜻한다. 우리는 지성, 감성, 의지로 기도해야 한다. 우리는 그동안 말로써 기도를 많이 해왔다. 그러나 그것은 초보 수준을 벗어나지 못한 기도이다.

온전한 기도는 모든 삶으로 이어져야 한다. 사람과 이야기하는 것이 곧 기도가 되어야 한다. 그리스도를 증거하고 어떤 일을 계획하고 실행하는 것도 기도가 되어야 한다. 이렇게 하기 위해서는 우리 자신이 기도 자체가 되어야 한다. 물론 이것은 쉽지 않다. 금방 이루어지는 것도 아니다. 그러나 우리가 꿈꾸는 기도의 최종 목표는 우리 스스로 모두 기도가 되는 그날이다. 우리의 전 존재와 모든 삶이 기도가 되어야 한다.

주님이 원하시는 것은 일상생활이 곧 기도가 되는 모습이다. 삶과 기도를 분리시키지 말고, 나와 기도를 분리시키지 말고 일치시켜서 모든 삶이 기도의 삶이 되도록 꿈꿔야 한다. 더는 기도가 종교적인 행위로만 머물러서는 안 된다. 복을 얻는 도구로만 인식된다면 그것은 서글픈 일이다. 기도가 우리의 삶이 되는 그날이 빨리 와야 한다. 그런 기도의 사람들을 훈련해 내야 한다. 기도의 사람이 많이 나오도록 그들이 정치, 경제, 문화, 사회, 가정을 지키도록 해야 한다.

교회가 기도의 사람을 많이 배출해야 한다. 물이 바다를 덮음같이 하나님을 아는 지식이 온 세상에 충만해야 한다. 그래서 하나님의 뜻을 이루는 기도의 사람들이 온 세상에 충만하게 넘쳐나야 한다. 하나님의 임재를 생활 속에서 느끼면서 늘 그분과 대화하듯 기도하는 것이 생활화되어야 한다. 이런 때 보통 교회에서 하는 긴 내용의 기도보단 짧게 자주 이야기하고 대화하는 형태의 기도가 좋다. 생활 속에서는 단순하고 진솔하게 눈을 뜨고 기도하는 방법을 많이 사용해야 한다. 짧게 내뱉는 화살기도도 좋은 방법이다.

1611년에 태어나 수도원의 요리사로 들어가 평생을 살았던 평범한 평신도인 로렌스 형제는 이것을 실천하려고 했던 좋은 모델이다. 그는 자신의 삶에 대해 다음과 같이 말했다. "내게는 업무시간이 기도시간과 다를 바 없다. 부엌의 시끄럽고 덜커덕거리는 소리 가운데, 여러 사람이 동시에 다른 것들을 청하는 동안에 나는 축복된 성례전에서 내 무릎을 꿇고 있는 듯이 기막힌 평온 가운데 하나님을 모시고 있다." 사람들이 보기에는 하찮은 부엌이었지만 그에게는 성소였고 하나님과 함께하는 곳이었다. 그의 모든 삶이 하나님과 함께하는, 하나님의 임재를 느끼는 곳이었다. 그의 일생생활 속에서 하나님과 늘 기도했던 내용을 기록한 「하나님의 임재 연습」(도서출판 브니엘)에서 그는 하나님의 임재 속에서 기도하는 방법을 이렇게 소개한다.

"당신의 마음을 그분께 드리십시오. 때때로 식사 중일 때라도, 그리고 당신의 친구들과 함께 있을 때라도 당신의 마음을 그분께 드리십시오. 가장 작은 기억이라도 그분은 항상 열납하십니다. 당신은 지나치게 크게 외칠 필요가 없습니다. 그분은 우리가 의식하는 것보다 훨씬 더 우리 가까이에 계십니다. 하나님과 함께 있기 위해 항상 교회에 있어야 할 필요는 없습니다. 우리 마음에 작은 예배당을 만들 수 있으며, 때때로 온유, 겸손, 그리고 사랑 가운데 그분과 대화하기 위해 그곳으로 물러갈 수 있습니다. 모든 사람이 하나님과 이처럼 친밀한 대화를 할 수 있습니다. 그렇다면 시작하십시오. 용기를 가지십시오. 우리는 살 시간이 조금밖에 남지 않았습니다. …당신의 업무로 바쁜 중에 때때로 매 순간조차 당신의 마음을 그분께 드리는 것에 익숙하게 하십시오. 항상 빈틈없이 당신 자신을 어떤 규칙, 혹은 특정한 기도의 형태에 국한하지 않도록 주의하십시오. 사랑과 겸손으로 하나님께 확신을 가지고 행하십시오."

로렌스 형제가 말한 것처럼 당신이 일상의 바쁜 업무 중에도 매 순간 당신의 마음을 하나님께 드리는 기도에 익숙하게 된다면 당신은 삶 속에서 하나님의 축복을 끊임없이 받아 기도의 사람이 될 것이다.

주님이 원하시는 것은
일상생활이 곧 기도가 되는 모습이다.

.
.
.

일상에서 드리는
105가지
쉬운 기도문

성경에는 수많은 방식의 기도가 나온다. 무릎 꿇고 하는 기도, 일어서서 하는 기도, 땅에 엎드리는 기도, 두 무릎 사이에 얼굴을 파묻는 기도, 일어서서 눈을 뜨고 하늘을 우러러보면서 하는 기도, 찬양으로 하는 기도, 시편을 사용한 기도 등 아주 다양하다. 그렇다면 어떻게 기도하는 것이 좋을까? 상황에 따라 다양한 방법을 사용할 수 있지만 기도문을 통한 기도는 기도훈련을 하는 사람들에게 가장 좋은 모델이 된다. 어떤 사람은 기도문을 가지고 기도하는 것을 비영적인 일이라며 거부하기도 한다. 가톨릭에서는 기도문으로 기도하는 것이 생활화되었지만 개신교에서는 어색하고 보편화되어 있지 않다. 그러나 예배 때나 중요한 행사 때 드리는 대표 기도는 대체로 기도문을 작성하여 기도한다.

그렇다면 초대교회에서는 어떻게 했을까? 초대교회는 생각나는 대로 기도하는 것보다는 기도문을 낭독하는 방식을 선호했다. 그 이유는 이단들이 초대교회를 어지럽게 하던 시기라 이런 방식을 자주 사용했던 것으로 볼 수 있다. 현재는 개인적으로 기도하는 방식이 선호되지만 이렇게 되기까지는 오랜 시간이 걸렸다. 13세기까지는 대다수의 그리스도인이 기도문을 낭독하는 방식으로 개인적인 기도를 드렸다. 지금 우리는 눈을 감고 머리를 숙이고 손을 모으고 기도하고 있지만 아마 초대교회 그리스도인들은 서서 고개를 쳐들고 눈을 뜬 채로 기도했다고 볼 수 있다. 언제나 주님의 응답을 기다리는 준비의 모습이었다.

그러므로 기도문으로 기도하는 것은 기도를 처음 배우는 초신자나 기도를 어려워하는 사람들에게 좋은 훈련 방법이다. 기도문으로 기도하다 보면 자연스럽게 기도하는 법을 터득하게 되고, 기도의 길이 점차 열리는 유익이 있다. 처음부터 기도를 쉽게 하는 사람은 없다. 기도의 모델을 통하여 기도하다 보면 자연스럽게 하나님과 대화하듯 기도하게 된다.

여기에 제시된 기도문의 모델은 이런 면에서 도움이 될 것이다. 어느 정도 훈련이 되면 성경을 읽으면서 기도하는 것도 좋은 방법이다. 말씀을 읽다가 그냥 마음에 와 닿는 구절이 있으면 그 말씀을 기초로 그냥 말하듯 자연스럽게 하나님과 기도하면 된다. 기도는 삶이다. 기도는 예배당 안에서만 하는 것이 아니라 생활 모든 곳에서 이루어져야 한다. 골방만이 아닌 일터에서도 행해져야 한다. 그래야 기도로 삶을 변화시킬 수 있다. 기도는 나뿐만이 아니라 우리가 사는 세상을 변화시킨다. 그렇게 하기 위해서는 기도가 일상이 되어야 한다.

여기 제시한 생활기도는 우리가 겪는 일상의 다양한 모습에서 기도하는 예를 제시했다. 이것을 따라하다 보면 당신의 삶속에서 기도가 쉽고 자연스럽게 이루어질 것이다. 교회에서뿐만 아니라 일상의 모든 생활에서 주님의 숨결과 음성을 듣고 기도한다면 우리의 삶은 능력으로 넘쳐날 것이다. 로렌스 형제처럼 당신이 사는 모든 곳에서 하나님의 임재를 느끼면서, 그분과 영적인 대화를 나누는 기도의 자리가 될 수 있도록 기도훈련을 시작하자.

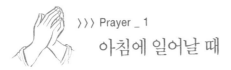

>>> Prayer _ 1

아침에 일어날 때

사랑의 주님!
새로운 날을 허락하심을 찬양합니다.
건강하게 깨워주셔서 감사합니다.
아침에 눈을 뜰 때 저의 힘이 아니라
주님이 도와주셔야 함을 잊지 않게 하소서.
오늘 하루도 하나님이 시작하게 해주셨으니
겸손한 하루가 되게 하시고
주님이 좋아하시는 일을 하게 하소서.
하루의 일정이 선하게 진행되도록 지켜주시고
오직 주님의 인도하심을 받으면서 살게 하소서.
주님의 은혜로 시작된 것이니
모든 것이 주님의 은혜 속에 이뤄지게 하시고
주님의 은혜로 하루를 마치게 하소서.
예수님의 이름으로 기도드립니다. 아멘.

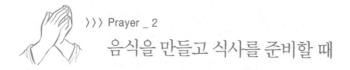

음식을 만들고 식사를 준비할 때

좋은 자연을 주시고 식물을 주신 창조주 하나님!
이렇게 음식을 만들고 준비할 수 있는
봉사의 기회를 주신 하나님께 감사드립니다.

이제 음식을 준비하려고 합니다.
제게 은혜를 주셔서 맛있게 요리할 수 있도록 도와주시고
이 음식을 통해 먹는 사람들이 건강을 얻게 하소서.

육신이 건강해져 더욱더 주님을 잘 섬길 수 있게 하소서.
이 음식을 먹는 자마다 아픈 자가 건강이 회복되게 하시고
음식을 통해 활력을 얻어
하고자 하는 일을 잘 감당하게 하소서.

사랑과 믿음과 소망을 얻는 생명의 음식이 되게 하소서.
먹는 자들이 행복하게 음식을 먹게 하시고
공동체가 살아나는 데 이 음식이 기여하게 하소서.

자기를 위해 음식을 먹지 말게 하시고

음식을 주신 하나님께 감사하며

먹든지 마시든지 모든 것이 하나님의 영광을 위해 살게 하소서.

예수님의 이름으로 기도드립니다. 아멘.

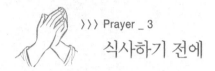

식사하기 전에

이 땅에 좋은 자연을 주신 하나님을 찬양합니다.

이렇게 좋은 음식을 주신 것을 감사합니다.

주님이 주신 식물을 가지고

이렇게 음식을 맛있게 만든 손길에게 하늘의 복을 주시고

이 음식을 먹는 제게 건강을 주시며

그 건강으로 주님을 위해 살게 하소서.

무엇보다도 소화가 잘되게 하시고

균형 있는 건강을 유지하도록 도와주소서.

주신 음식에 부끄럽지 않은 삶을 살도록

주님의 지혜로 채워주소서.

사람이 떡으로만 사는 것이 아니라

하나님의 말씀으로도 살아가는 것임을 알게 하시고

영혼과 육신의 건강을 위해 함께 노력하게 하소서.

육신의 음식을 채워주심같이

영혼의 음식도 풍성하게 채워주소서.

예수님의 이름으로 기도드립니다. 아멘.

무언가를 기다릴 때

길이길이 참으시는 하나님!

기다림 속에 축복이 있음을 믿게 하소서.

크고 위대한 것은 언제나 마지막에 온다는 사실을 알게 하시고

그것을 기다릴 수 있는 믿음을 주소서.

마지막까지 포기하지 말게 하시고

가장 좋은 것을 주시는 하나님을 믿게 하소서.

약속은 꼭 성취된다는 믿음을 갖게 하시며

물건이나 일의 결과를 기다리기보다는

주님의 사랑과 신실하심을 기다리게 하소서.

기다리기 어려울 때 주님을 바라보게 하시고

그 안에서 힘을 얻게 하소서.

기다림을 통해 믿음이 더욱더 성장하게 하시고

기다림을 통해 제 힘으로 얻을 수 없는

많은 것을 받는 체험을 주소서.

예수님의 이름으로 기도드립니다. 아멘.

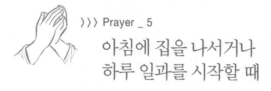

아침에 집을 나서거나
하루 일과를 시작할 때

처음과 나중이 되시는 하나님!
오늘도 하나님의 사랑으로
하루를 시작하게 하심을 감사드립니다.
하루의 생활을 주님의 인도하심을 따라 살게 하소서.
저의 길을 인도하시는 분은 오직 주님이심을 믿으면서
최선을 다하며 살게 하소서.

오늘 만나는 사람들에게 복을 내려주셔서
하나님의 영광을 드러내게 하소서.
오늘 계획된 일을 저의 생각이 아니라
주님이 원하시는 대로 진행되게 하시고
주님이 하시는 일을 그대로
받아들일 수 있는 마음을 허락하소서.

말로 인해 다른 사람에게 상처를 주지 않도록
저의 혀에 재갈을 물려주시고

"아니요!"라고 해야 할 때 "아니요!" 하며
"예!"라고 해야 할 때 "예!" 할 수 있는 용기를 주소서.

주어진 일을 할 때마다
사람 앞에서가 아니라
하나님 앞에서 하게 하소서.
어려움이 닥칠 때마다 상황을 보지 말고
약속의 주님을 의지하고
담대히 나아가도록 도와주소서.
예수님의 이름으로 기도드립니다. 아멘.

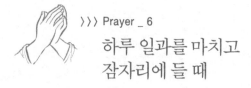

하루 일과를 마치고
잠자리에 들 때

처음과 나중이 되시는 하나님!
오늘도 하루를 무사히 마칠 수 있도록
인도하심을 감사합니다.
오늘 하루의 일과 중에서 힘들었던 것은
저를 연단하시기 위한 주님의 사랑임을 깨닫게 하시고
오늘 하루의 일과 중에서 좋았던 것은
저를 무한히 사랑하시는
하나님의 손길임을 느끼게 하소서.

오늘 하루의 일과 중에서 미진한 것은
앞으로 더 좋은 하나님의 계획이
준비되어 있음을 믿게 하소서.
주님이 준비하신 새로운 미래를 꿈꾸며
오늘도 잠자리에 들게 하시고
꿈속에서도 계속 주님과 만나게 하소서.

잠을 자는 동안에도
평안히 잘 수 있도록 도와주시고
하루의 피로를 회복하는
아름다운 쉼의 시간이 되게 하소서.

잠자리에 드는 이 시간이
주님과의 영원한 쉼을 얻는
시간의 모형임을 알게 하시고
그것을 훈련하고 늘 준비하게 하소서.

주님이 준비하신 영원한 영생의 잠을 자는 그날까지
하루하루에 충실해 후회 없는 삶을 살도록
오늘 이 밤을 축복하소서.
예수님의 이름으로 기도드립니다. 아멘.

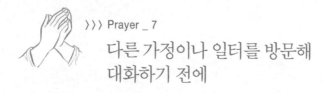

다른 가정이나 일터를 방문해 대화하기 전에

사랑과 은혜의 하나님!

○○○의 가정을 방문하게 하심을 감사드립니다.

(○○○의 일터를 방문하게 하심을 감사드립니다.)

지금까지 이 가정(일터)을 지켜주시고

인도하신 하나님을 찬양합니다.

이 가정(일터)을 축복하셔서

하나님의 평강과 은혜가 가득하게 하소서.

이 가정(일터)을 통해

그리스도의 향기가 나타나게 하시고

이웃에게 전달되어

모범적인 좋은 가정(일터)으로 세워주소서.

주님이 이 가정(일터)의 주인이 되셔서

어떤 환란과 어려움도 이겨 나가게 하시고

거룩한 하나님의 가정(일터)이 되게 하소서.

가정(일터)의 구성원들에게 은혜를 주셔서
서로 사랑하고 신뢰하며
은혜가 충만한 가정(일터)이 되게 하소서.

그리스도의 증인으로 살게 하시고
이 가정(일터)을 통해
믿음의 자녀(사람)들이 많이 배출되게 하소서.
예수님의 이름으로 기도드립니다. 아멘.

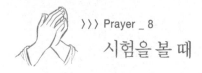

시험을 볼 때

생각나고 기억나게 하시는 하나님!
그동안 공부한 것을 테스트하는 시험 시간입니다.
이 시험을 통해 하나님의 영광을 나타내게 하소서.
공부한 실력을 마음껏 발휘하도록 도와주시고
잘 기억나게 하시며 생각나게 하소서.

지혜를 주셔서 풀기 어려운 문제가 나왔을 때도
그것을 해결할 수 있는 능력을 주소서.
생각과 마음이 산만하지 않도록 하시고
평안한 마음을 주소서.
문제에 집중함으로써 의미를 잘 파악해
핵심을 정리하도록 하시고
작은 것에도 실수하지 않도록 도와주소서.

남이 보지 못한 것을 보게 하시고
볼 수 없는 것을 파악하는 힘을 주셔서

하나님의 능력으로
시험에 좋은 결과를 얻게 도와주소서.

저를 위해 시험을 보는 것이 아니라
하나님의 나라를 위해 보는 것임을 알게 하시고
좋은 결과를 주셔서
그것으로 주님의 이름을 크게 나타내게 하소서.

주님의 도구가 되어
주님의 나라를 전하는 증인이 되게 하소서.
예수님의 이름으로 기도드립니다. 아멘.

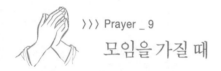

모임을 가질 때

두세 사람이 모인 곳에 함께하신다고 하신 주님!
오늘도 모임을 가지려고 합니다.
이 모임이 인간의 이름을 드러내고
인간의 계획이 나타나는 모임이 아니라
오직 주의 뜻과 영광이 나타나는 모임이 되게 하소서.

모임 속에서 이루어지는
대화와 토론과 생각들을 주님이 정리하게 하시고
인간의 욕심이나 사탄의 간계가
이 모임 속에 작용하지 않도록 성령님이 도와주소서.

서로의 생각과 마음이 주 안에서 하나 되게 하시고
서로 그리스도의 몸 된 지체됨을 느끼고
주님을 섬기는 것처럼 서로를 존경하며
복종하는 자세를 주소서.

이 모임을 축복하셔서

모임을 가질수록 더욱더 모이고 싶고

만나고 싶은 모임이 되게 하소서.

이 모임을 통해 하나님의 많은 은혜를 얻게 하시고

이 모임을 통해 우리 자신이 영육간에 성장하게 하소서.

이 모임을 통해 겸손을 배우고

낮아짐을 배우고

오래 참는 것을 배우고

남을 용납하며 이해하는 법을 터득하게 하소서.

예수님의 이름으로 기도드립니다. 아멘.

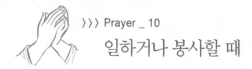
일하거나 봉사할 때

능력의 주님!
먼저 저에게 일(봉사)을 할 수 있도록
힘을 주신 하나님을 찬양합니다.
주어진 일(봉사)을 할 때 즐거움으로 하게 하시고
주께 하듯 하고 사람에게 하듯 하지 말게 하소서.
자원하는 마음으로 하게 하시며
즐거움을 주셔서 맡은 일에 최선을 다하게 하소서.

맡은 자들에게 구할 것은 충성이라고 하셨으니
상황에 굴하지 않고
주어진 일(봉사)을 잘 감당하도록 도와주소서.
일(봉사)을 하면서 지치거나 피곤하지 않도록
제게 새 힘을 주소서.
저를 위해 일(봉사)하지 않게 하시고
주님을 위해 일(봉사)하게 하소서.

말씀을 실천하는 일(봉사)이 되게 하시고
일(봉사)을 통해 주님의 약속과
하나님의 뜻이 나타나게 하소서.
저의 일(봉사)을 통해
다른 사람에게 은혜를 끼치게 하시고
다른 사람도 이 일(봉사)에
동참할 수 있도록 은혜를 부어주소서.

주장하는 자세를 하지 않고 종의 자세를 취하며
모두에게 덕을 세우는 일(봉사)이 되게 하소서.
일(봉사)의 결과로 좋은 열매를 맺게 하시고
그것으로 주님의 영광을
마음껏 나타내도록 인도하소서.
예수님의 이름으로 기도드립니다. 아멘.

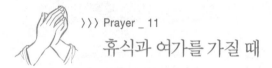
휴식과 여가를 가질 때

창조하시며, 또한 안식하셨던 주님!

제게 안식과 휴식의 시간을 주심을 감사드립니다.

안식과 휴식의 시간을 통해

육신과 아울러 영혼까지 쉼을 얻게 하소서.

이 시간을 통해 온몸의 피곤이 풀리게 하시고

이전보다 더 큰 새로운 힘을 얻어

주어진 일을 더욱 열심히 감당하게 하소서.

저를 위해 휴식하지 말게 하시고

주를 위해 쉬게 하소서.

쉼 가운데 역사하시는

하나님의 은혜를 많이 체험하게 하소서.

여가가 인간의 욕심과 즐거움을 찾는 시간이 아니라

더 나은 미래를 위해 준비하는 시간이 되게 하소서.

휴식과 여가를 통해 새로운 창조가 일어나게 하소서.

예수님의 이름으로 기도드립니다. 아멘.

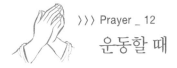

운동할 때

아름다운 몸을 주신 하나님!

하나님이 영혼을 주셨듯이 몸도 주셨음을 믿고 감사드립니다.

이 운동을 통해 몸이 튼튼해지게 하시고

건강한 몸으로 하나님의 영광을 위해 살게 하소서.

운동할 때 주님을 사랑하는 마음을 더 주시고

운동하다가 그만두지 않고 끈기 있게 실천하게 하소서.

이 모든 것도 주님을 위한 일임을 믿게 하시고

건강한 몸으로 건강한 영혼을 가꾸게 하시며

영과 육이 온전해짐으로 삶이 생기 있게 하소서.

운동하다가 다치지 않게 하시며

사고가 나지 않게 하소서.

좋은 효과를 보게 하시고 적절하게 규칙적으로

주어진 운동을 잘 감당하도록 도와주소서.

이 몸이 거룩한 하나님의 성전임을 알게 하시며

건강하고 성별된 몸이 되도록 인도하소서.

예수님의 이름으로 기도드립니다. 아멘.

산책이나 걸어 다닐 때

하루를 주신 하나님께 감사드립니다.
산책하는 중에 하나님을 더 많이 느끼게 하시고
주님과 동행하는 삶을 배우게 하소서.
홀로 있을 때 혼자가 아님을 알게 하시고
주님과 같이 있는 영적 임재를 느끼게 하소서.
걸어 다닐 때 주님과 대화할 수 있는 마음을 주시고
우리의 길을 인도하시는
주님의 손길을 깨닫게 하소서.
산책하면서 좋은 공기를 마심으로써 건강하게 하시고
걸어 다니면서 건강함을 얻게 하소서.
발자국 하나하나 내딛을 때마다
저의 힘으로가 아니라
주님이 주시는 힘으로 거니는 것임을 경험하게 하시고
한 발자국, 한 발자국 내딛는 것에 감사하게 하소서.
예수님의 이름으로 기도드립니다. 아멘.

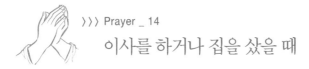

이사를 하거나 집을 샀을 때

모든 곳에 계시는 하나님!

주님의 인도하심을 찬양하고 감사드립니다.

이곳까지 이사(집을 새롭게 장만)하게 하신 것도

하나님이 도와주신 줄로 믿습니다.

하나님의 뜻이 계셔 이사(집을 새롭게 장만)하게 하셨으니

이곳이 하나님의 성소가 되게 하시고

하나님의 말씀을 전하는 집이 되게 하소서.

누운 곳이 하나님의 전이 되게 하시고

기거하는 방들이 기도의 골방이 되게 하소서.

우리의 거실이 주님 안에서 교제하는 장소가 되게 하시고

모두가 편히 드나들며 주님을 배울 수 있는 주님의 집이 되게 하소서.

이 집에서 기도한 것이 이루어지게 하시고 이 집을 통해

계획하는 일 모두가 하나님의 선하심 가운데 이루어지게 하소서.

누구든지 이 집을 들어올 때 복을 받고

나갈 때도 복을 받는 하나님의 집이 되게 하소서.

예수님의 이름으로 기도드립니다. 아멘.

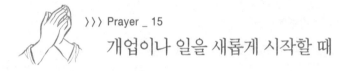

개업이나 일을 새롭게 시작할 때

모든 것의 시작이 되시는 하나님!
개업(새로운 일을 시작)하게 하심을 감사드립니다.
모든 것의 시작이 주님이시오니
주님과 같이 시작하게 하소서.

마치는 날까지 주님이 동행하시고
이 사업과 이 일에 친히 간섭하셔서
이 사업장을 통해 주님의 뜻을 이루어주소서.
인간의 힘으로 하지 말게 하시고
주님의 도우심으로 모든 것이 진행되도록 인도하소서.

인간이 일을 계획하지만
그 일을 인도하시는 분은 하나님이심을 믿고
모든 것이 주님의 뜻 안에서
이루어지는 것을 기대하게 하소서.

인간적인 술수나 계산보다는
하나님의 방법으로 사업과 일을 하게 하시고
하나님의 영광이 나타나는 사업장이 되게 하시며
번성하고 창대하게 하심으로
주님이 기뻐하시는 일을 하게 하소서.

사업과 일의 주체가 제가 아니라
하나님이 되시도록 모든 것을 이끌어주소서.
예수님의 이름으로 기도드립니다. 아멘.

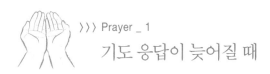

기도 응답이 늦어질 때

약속하신 것을 꼭 성취하시는 하나님!

지금까지 많은 은혜로 응답해주신 하나님을 찬양합니다.

기도 응답이 빨리 주어지지 않음으로 인해

시험에 들게 하지 마시고

이 기간을 통해 더 좋은 것을 주시는

하나님이심을 믿게 하소서.

이미 있어야 할 줄을 아시는 하나님!

무엇이 가장 좋은지를 저보다 더 잘 아시는 하나님이

가장 적합한 때에 가장 좋은 것으로 주실 줄 믿습니다.

응답이 없을 때는 하나님이 더 좋은 것을 위해

준비하시는 때임을 믿게 하소서.

저의 입장에서 응답을 보지 말고

주님의 입장에서 응답을 볼 수 있는 지혜를 주소서.

응답이 없을 때 하나님의 마음을 더욱더 배우게 하시고

응답이 없을 때 믿음이 더욱 신실해짐을 알게 하소서.

예수님의 이름으로 기도드립니다. 아멘.

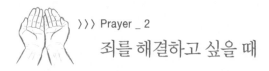

죄를 해결하고 싶을 때

구원과 용서의 주님!

가장 무서운 죄에서 용서받게 하심을 감사합니다.

나의 힘으로 해결할 수 없는 죄를

주님이 십자가에 죽으심으로

우리에게 죄 용서받는 길을 열어주신

주님의 은혜를 찬양합니다.

주님의 죽으심이 아니었으면 인간의 죄에 대한 문제는

영원한 미해결로 남을 수밖에 없는

인간의 불행이었음을 고백합니다.

오늘도 여전히 죄인으로 살지만

주님의 은혜로 죄에서 자유롭게 하심을 감사합니다.

모든 인간의 문제가 죄 때문임을 알고

어려움을 당하고 수고로운 삶을 살아갈 때마다

인간의 죄를 알게 하소서.

인간을 힘들게 하는 죄를 미워하고

죄를 멀리하게 하소서.

내 안에 죄가 있음을 인식하여

날마다 하나님의 은혜를 사모하게 하시고

그 믿음으로 죄에서 벗어나게 하소서.

사람과의 만남을 축복해주시고

더는 죄가 자리 잡지 않도록

주님의 말씀으로 채워주소서.

인간의 생각이 모든 것을 결정하지 말게 하시고

하나님의 진리의 말씀으로

우리의 생각과 행동을 다스리게 하소서.

하나님을 떠난 순간 죄가 우리를 지배함을 믿으며

하나님의 생각으로 우리 안에 가득하게 하소서.

사람과 만나서 교제할 때마다

주님의 생각이 우선이 되게 하시고

기도하면서 주님의 뜻을

먼저 분별할 수 있는 은혜를 주소서.

말씀이 우리 안에 풍성하게 거하게 하시어

그 말씀으로 죄악을 이기게 하시고

세상을 사랑하고 자기중심으로 나아가는

악한 본성을 다스려주소서.

예수님의 이름으로 기도드립니다. 아멘.

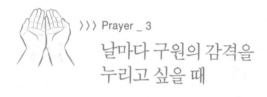

날마다 구원의 감격을
누리고 싶을 때

사랑과 구원의 주님!

우리에게 구원을 주신 주님의 은혜를 찬양합니다.

구원받은 자녀로서 하루를 살게 하심을 감사드립니다.

매 순간 잊어버리기 쉬운 구원의 은혜에 감사하게 하시고

구원받은 힘으로 모든 것을 행하게 하소서.

구원받은 것이 얼마나 행복하며

최고의 축복을 받았음을 인식하여 자랑하게 하시고

그것을 삶에서 즐기게 하소서.

구원받은 사람을 주시어 서로 사랑하게 하시고

구원받은 자녀로서 교제하게 하심을 감사드립니다.

모든 출발이 하나님의 구원에서 이루어짐을 알게 하시고

구원의 능력으로 세상에서 승리하는 삶을 살게 하소서.

매 순간 이미 받은 구원을 즐거워하며

구원을 이루어가는 성숙된 삶으로 인도하소서.

우리의 만남이 온전한 구원을 이루는 데 방해가 되지 말고
오히려 그 구원을 이루는 데 사용되게 하소서.

한 번 받은 나의 구원에 만족하지 말고
아직도 구원에 이르지 못한 주위 사람들에게
구원의 복음을 전하게 하시고
구원의 은혜를 나누어주는 데 우리의 만남이 쓰이게 하소서.

구원받을 자격이 없는 우리를 구원해주신
주님의 사랑으로 이웃을 바라보게 하시고
사랑하는 사람을 바라보게 하여
늘 겸손함으로 생활하게 하소서.
구원받은 자의 아름다움을 세상에 드러내게 하시어
주님의 영광을 나타내소서.
예수님의 이름으로 기도드립니다. 아멘.

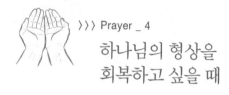

하나님의 형상을
회복하고 싶을 때

우리에게 하나님의 형상을 부어주신 하나님!

원래의 창조하신 그 모습을

우리에게 주신 하나님을 찬양합니다.

죄악 때문에 하나님의 형상을 잃어버렸지만

다시 주님의 은혜로 하나님의 형상을

회복할 수 있게 하심을 감사합니다.

원하옵기는 우리 안에 있는 하나님의 형상이

의와 진리와 거룩함으로 새롭게 자라게 하소서.

그리스도의 영성으로 우리의 영혼이 살아나게 하시고

보이지 않는 영적인 세계를

그리스도의 영으로 바라보게 하소서.

보이는 세상의 것을 통해

보이지 않는 하나님의 세계를 보게 하시고

일시적인 모습을 통해 영원한 세계를 보게 하소서.

그리스도의 영성은 하나님과의 관계뿐 아니라

이웃과 자신과 자연의 관계에서 연관됨을 알고

균형 잡힌 관계를 갖게 하소서.

그리하여 모든 영역에서 책임 있는

그리스도인의 삶을 살게 하소서.

사랑하는 사람에게 그리스도의 영성이 가득하여

생각하고 행동하는 모든 것을

이제 그리스도의 마음과 생각으로 하게 하시고

주님의 형상을 바라보면서 그것을 흠모하게 하소서.

지속적으로 주님과 관계를 맺어

하나님의 총명과 지식이 계속 자라가게 하시며

세상 속에서 주님의 대사로서 삶을 살게 하소서.

우리의 만남을 통하여

그리스도의 영성이 더욱 함양되게 하시고

서로를 사랑하는 마음을 주시되

육신이 아닌 하나님의 영으로 사랑하게 하시고

하나님이 보시기에 좋은 형상의 사람으로 성장하게 하소서.

하나님의 나라와 의를 이루는 만남이 되게 하시고

서로에게 영향력을 끼치는 각자가

주님의 충실한 제자로 살게 하소서.

오직 주님의 모습만 닮아가는 삶이 되게 하소서.

예수님의 이름으로 기도드립니다. 아멘.

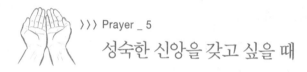

성숙한 신앙을 갖고 싶을 때

사랑의 주님!
우리의 신앙이 어린이 신앙에 머물지 말게 하시고
날마다 신앙이 성숙해가게 하소서.

나 중심의 신앙에서 이웃 중심으로
세상 중심에서 하나님 나라 중심으로
물질 중심에서 영혼 중심으로
일시적인 것에서 영원한 것으로
변하는 것에서 변하지 않는 것으로
보이는 것에서 보이지 않는 것으로
높은 자리를 구하기보다는 낮은 자리를 구하는 것으로
자기를 드러내는 것에서 자기를 희생하는 것으로
으뜸이 되는 것보다는 종이 되는 것으로
섬김을 받기보다는 섬기는 삶으로
한 번에 많은 것을 하기보다는
한 번에 하나씩 하는 마음으로 성숙하게 하소서.

성숙 없는 성장을 꿈꾸기보다는

성숙한 성장을 바라게 하시고

하나라도 더 얻으면서 즐거워하기보다는

하나라도 더 나누어주면서 행복해 하는 삶을 살게 하소서.

성숙을 위해서 훈련을 중요하게 생각하며

지치지 않고 꾸준한 인내를 가지고

하나님의 연단을 잘 감당하게 하소서.

과정을 뛰어넘은 빠른 결과를 이루기보다는

충분한 과정을 통하여 성장과 성숙을 이루게 하소서.

성숙을 위해 아픔은 필연적임을 알게 하시고

감당 못하는 시험을 주시지 않는 하나님을 신뢰하며

주신 시련을 하나님이 주신 성숙의 기회로 삼게 하소서.

그리스도의 장성한 분량에까지 성숙한 경지에 이르게 하소서.

예수님의 이름으로 기도드립니다. 아멘.

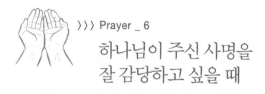

하나님이 주신 사명을
잘 감당하고 싶을 때

우리를 구원하러 오신 주님!

주님은 오직 자기의 뜻이 아닌

하나님의 뜻을 이루기 위해 세상에 오셨습니다.

그것이 주님의 사명임을 아시고

죽기까지 하나님에 대해서 충성하셨고

오직 말씀에 응하기 위하여 모든 것을 바치셨습니다.

이런 주님의 사명을 본받게 하소서.

자기를 위한 사명이 아니라

주님을 위한 사명이 되게 하소서.

나의 뜻이 아닌 하나님의 뜻을

내 생각이 아닌 주님의 약속을 이루게 하소서.

내가 만든 사명이 아닌 하나님이 주신 사명을 찾게 하시고

그 사명에 목숨을 던지는 믿음을 주소서.

하나님의 사명을 이루기까지는

하나님이 지켜주신다는 사실을 믿고

주어진 일에 소명감을 가지고
충실하게 사명을 감당하게 하소서.
큰 것만 보지 말고 작은 것도 보게 하시고
나타나는 것만이 아닌 나타나지 않는 것도 보게 하시고
이익만이 아닌 손해 보는 것도 찾게 하소서.

우리의 만남이 하나님의 사명을 이루는 것이 되게 하시고
나의 목적을 위해서가 아닌
하나님의 소명을 이루는 교제가 되게 하소서.
어려운 일이 닥쳐도 주신 소명을 끝까지 이루게 하시고
내가 사명을 이루는 것이 아닌
내 안에 그리스도께서 사명을 이루는 주체이심을 믿게 하소서.
사명을 이룰 때 나의 힘을 의지하기보다는
사명을 주신 주님의 힘을 의지하게 하소서.

나를 위해서가 아닌
전적으로 주님을 위해서 사명이 이루어지게 하시고
사명을 통하여 나의 이름보다는 주님의 이름이 드러나게 하소서.
사명을 통하여 감사하며 즐거워하게 하시고
그것에 하루의 의미를 찾게 하소서.
예수님의 이름으로 기도드립니다. 아멘.

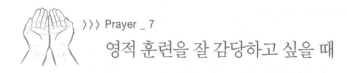
영적 훈련을 잘 감당하고 싶을 때

신실하신 하나님!

우리를 사랑하시되 끝까지 사랑하시고

늘 좋은 것으로 채워주시는 하나님을 찬양합니다.

하나님은 우리가 생각하는 것보다

나에 대해 더 큰 꿈을 가지고 계심을 믿습니다.

하나님은 우리가 기대하는 것보다

나에 대해 더 아름다운 비전을 가지고 있음을 믿습니다.

아울러 하나님은 이것을 이루기 위해

훈련을 준비하고 계심을 믿습니다.

하나님의 축복은 거저 주는 것이 아닌

언제나 훈련과 연단을 통하여 주어짐을 믿게 하소서.

어떤 훈련이든지 하나님이 주시는 것은 좋은 훈련임을 믿고

감사와 즐거움으로 받아들이게 하소서.

내가 감당하지 못할 훈련은

절대 주시지 않는 좋으신 하나님을 믿고

어떤 훈련이든지 하나님의 깊은 뜻이 있음을 믿고
순종하게 하소서.

이기기 힘든 훈련이 온다 할지라도
그 안에는 나를 더욱 강하게 하여
크게 사용하려는 하나님의 선한 계획이 있음을 믿고
그것을 찬양하게 하소서.
훈련을 통하여 저의 죄악 된 불순물을
벗겨내는 과정임을 알게 하시고
훈련과 연단을 통하여 정금같은 믿음이 나옴을 꿈꾸게 하소서.
하나님만 믿고 의지하는 우리가 되게 하시고
각자에게 주시는 훈련을 잘 감당하도록
서로에게 힘을 주고 기도하는 사이가 되게 하소서.

설사 욥과 같은 극심한 고난이 온다 할지라도
그것은 하나님이 주시는 축복의 통로임을 알게 하시고
훈련과정을 통하여 우리에게 말씀하시는 주님의 음성을 듣고
강하게 때리는 채찍질을 통하여
나를 향한 하나님의 소원함을 읽게 하소서.
예수님의 이름으로 기도드립니다. 아멘.

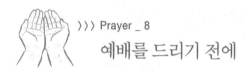

예배를 드리기 전에

경배와 찬양받으시기에 합당하신 하나님!
나의 왕이시며 주인이신 하나님을
예배하게 하심을 감사드립니다.
많은 사람은 하나님을 예배하고 싶어도
하나님을 아버지로 알지 못해 예배할 수 없는데
제게 이런 은혜를 주셔서 하나님을 아버지라고 부르며
예배드리게 하심을 감사드립니다.

오늘 드리는 예배가
하나님만 경배하고 찬양하는 예배가 되게 하시고
영이신 하나님을 느끼는
생명력 넘치는 예배가 되게 하소서.

하나님께만 마음과 생각을 집중하여
하나님이 주시는 은혜를 받도록
저의 마음을 옥토로 만들어 주시고

겸손한 자세로 하나님의 말씀에 순종하게 하소서.

예배를 위해 섬기는 예배 위원들에게
성령의 지혜를 주셔서
오직 하나님의 영광만 나타나게 하소서.
말씀을 전하는 하나님의 종에게
신령한 하나님의 은혜를 주셔서
전하는 데 부족함이 없도록
주의 사랑으로 충만하게 하소서.

예배하는 모든 회중이 하나님의 말씀을 듣는 중에
하나님의 세미한 음성을 듣고
삶이 변화되게 하소서.
모두가 예배 가운데 임재하신 성령을 경험하게 하소서.
예수님의 이름으로 기도드립니다. 아멘.

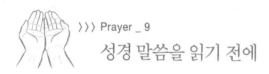

성경 말씀을 읽기 전에

우리 가운데 말씀으로 오신 주님!
기록된 성경을 읽고자 합니다.
성경을 읽을 때
저의 생각과 지혜와 지식으로 읽지 말고
성령의 감동으로 읽게 하소서.
성경을 기록했던 성령의 역사가
오늘도 동일하게 임하게 하소서.

성경을 통해 살아 계신 주님을 바라보고
그 마음을 느끼게 하시고
영안이 열려서 말씀을 통해
하나님의 섭리를 깨닫게 하소서.
겸손한 마음을 주셔서
말씀의 지혜를 보여주소서.

성경을 단순한 문자로 보지 말게 하시고

하나님의 숨결과 사랑과 성품을 경험하는
시간이 되게 하소서.

하나님의 역사 속으로 들어가
그 안에서 말씀하시는 하나님의 음성을 듣고
제게 향하신 하나님의 뜻을 깨닫는 시간이 되게 하소서.

하나님의 말씀은
살아 있고 운동력이 있음을 믿게 하시고
말씀을 읽는 중에
제게 이런 역사가 그대로 일어나게 하소서.
말씀을 잘 이해할 수 있도록 저의 영을 새롭게 하소서.
예수님의 이름으로 기도드립니다. 아멘.

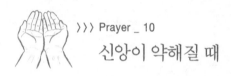
신앙이 약해질 때

위로자가 되시는 하나님!
저의 신앙이 자꾸 약해집니다.
하나님에 대한 믿음에 의심이 생기고
혼란이 일어나는 것을 불쌍히 여기시고
제게 자비를 베풀어주소서.

제가 강해서 신앙이 약해지는 것이오니
저의 자아를 말씀으로 죽게 하시고
약해진 신앙이 주님을 신뢰함으로써 강해지게 하소서.
주님을 바라보면서 담대한 용기를 갖게 하시고
바랄 수 없는 가운데도
새로운 비전을 바라보는 은혜를 주소서.

세상의 상황과 여건을 바라보지 말고
주님의 약속을 의지하고 일어서게 하소서.
약속에 따라 움직이시는 하나님이심을 믿고

더욱더 하나님의 말씀에 충실하도록
환경과 여건을 허락하소서.

세상 사람들의 말에 귀 기울이기보다는
하나님이 주시는 말씀에 귀를 기울이고
그 말씀에 순종하는 믿음을 주소서.
저의 마음이 제 뜻대로 되지 않사오니
성령이 붙잡아주셔서
저를 바르게 인도하소서.

하나님을 갈망하게 하시고
하나님을 최우선으로 모시도록 저를 인도하소서.
예수님의 이름으로 기도드립니다. 아멘.

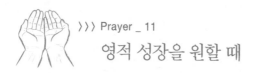

영적 성장을 원할 때

믿음의 주요, 온전하게 하시는 하나님!
저의 영적 성장을 위해 기도합니다.
믿음의 초보에서 벗어나
믿음의 성숙으로 나아가게 하소서.
젖만 먹지 말고
이제는 단단한 음식도 먹을 수 있게 하소서.

구원받은 즐거움에서
이제는 구원을 즐기는 사람으로 인도하소서.
편안한 가운데 믿음의 맛을 느끼는 것에서
어려움 속에서도 믿음의 맛을 느끼게 하소서.
좋은 환경 가운데 하나님을 즐거워하는 데서
힘든 환경 속에서도 하나님을 기뻐하는 신앙이 되게 하소서.
많은 사람 가운데 신앙의 즐거움을 찾는 데서
홀로 외로운 속에서도 신앙의 즐거움을 얻게 하소서.

신앙이 성장하여 이제는 다른 사람을 가르치고 인도하는
성숙한 모습으로 저를 이끌어주소서.

주님의 제자가 되어
제자 삼는 일까지도 감당하게 하소서.
도움을 받기보다는 다른 사람에게 도움을 주는
신앙의 일꾼으로 성장하게 하소서.
예수님의 이름으로 기도드립니다. 아멘.

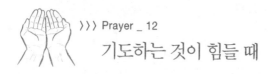

기도하는 것이 힘들 때

저의 기도를 들으시는 주님!
그동안 저의 기도에 응답하심을 감사드립니다.
그런데 지금은 기도하기가 너무 어렵습니다.
기도의 영을 허락하셔서
하나님과 교제하는 일이 즐겁게 하소서.

세상의 문제 때문에 힘들고
하나님을 향한 믿음이 부족해서 생긴 것인 줄 아오니
이럴수록 하나님을 더욱 의지하고
하나님의 음성에 귀 기울이게 하소서.

제 안에 있는 죄악을 돌아보게 하시며
혹시 제 안에 교만함이 있는지 살펴보게 하소서.
저의 부족함을 바라봄으로써
하나님을 더욱 갈망하게 하소서.
회개하는 영을 허락하시고 하나님께로 돌아서며

그 안에서 즐거워하는 은혜를 주소서.

제가 기도하지 못할 때 제 안에 계신 성령이
저를 위해 기도하고 계심을 믿게 하시고
그분을 바라봄으로써 기도의 즐거움을 찾게 하소서.

생명의 말씀을 주셔서
그 말씀으로 다시 기도를 시작하며
그 말씀으로 기도가 살아나게 하소서.
예수님의 이름으로 기도드립니다. 아멘.

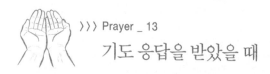

기도 응답을 받았을 때

우리의 기도를 들으시는 주님!

저의 기도를 들어주셔서 감사합니다.

생각하지 않은 때에 가장 좋은 것으로

응답해주시는 하나님을 찬양합니다.

기도의 응답으로 인한 기쁨이

주신 물질에 있지 않게 하시고

응답해주신 하나님께 있게 하소서.

응답받음으로 교만하지 않게 하시고

오히려 더욱더 겸손하게

주님 앞에 무릎 꿇는 은혜로 인도하소서.

응답하시는 하나님을 더욱더 신뢰하면서

응답을 통해 하나님에 대한 체험을

오래 간직하게 하시고

어려움이 있을 때

이길 수 있는 근원이 되게 하소서.

무엇이든지 믿음으로 구하면 들어주신다는
하나님의 말씀을 신뢰하게 하시고
이제는 무엇을 하든지 기도로 시작하고
기도로 받는 삶이 되게 하소서.
무엇이든지 하나님이 허락하심을 믿고
기도하는 사람이 되게 하소서.

응답을 받으면서 더욱더 신앙이 성숙해지고
주님의 형상을 닮아가는 기회로 삼게 하소서.
예수님의 이름으로 기도드립니다. 아멘.

믿음의 성장을
위한 기도문

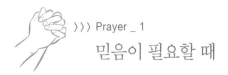

믿음이 필요할 때

우리에게 날마다 믿음을 더해주시는 하나님!
저에게는 이 시간 믿음이 필요합니다.
무엇을 하든지 믿음대로 살기를 원합니다.

하오나 저는 믿음이 부족합니다.
하나님을 믿되 흔들리지 않게 하시고
어떤 상황에서도 주님을 끝까지 신뢰하는
믿음을 주소서.

보이는 것을 통한 믿음보다
보이지 않는 것을 통한 믿음을 주시고
일시적인 믿음보다 영원한 믿음을 주소서.
제 안에 있는 의심의 안개를 물러가게 하시고
확실한 태양과도 같은 불변의 믿음을 주소서.
예수님의 이름으로 기도드립니다. 아멘.

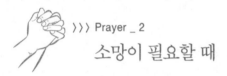

소망이 필요할 때

우리의 소망이 되시는 하나님!
저에게 이 시간 소망이 필요합니다.
우리의 소망은 주님밖에 없습니다.

일시적인 세상의 것으로 소망을 품지 말고
하나님 한 분으로 소망을 품고 살게 하소서.
힘든 가운데서도 소망을 주시면 일어설 줄 믿습니다.
나를 지켜주시고 책임져 주신다는 약속을 믿음으로
나의 마음에 소망이 불타오르게 하시고
그 소망으로 나의 흔들리는 마음을 붙잡아주소서.

참 소망되신 주님을 통하여
세상이 헛된 것을 깨닫게 하소서.
예수님의 이름으로 기도드립니다. 아멘.

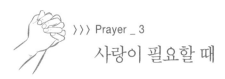
사랑이 필요할 때

우리의 사랑이 되시는 하나님!

이 시간 저에게 주님의 사랑이 절대로 필요합니다.

세상을 이기는 것은 주님의 사랑입니다.

사랑받은 만큼 사랑하고 세상을 이길 수 있습니다.

주님의 십자가의 사랑을 깨닫게 하시고

그 사랑으로 세상을 용서하며

누구든지 사랑할 수 있는 마음을 주소서.

사랑 안에 두려움이 없고

사랑은 모든 것을 물리치는 힘이 있음을 믿습니다.

나의 마음이 사랑으로 가득하게 하시고

그 사랑으로 이웃과 세상과 하나님을 바라보게 하소서.

세상은 사랑으로 만들어진 것임을 믿게 하시고

나와 관계가 있는 모두를 사랑으로 바라보면서

하나님께 늘 감사하게 하소서.

예수님의 이름으로 기도드립니다. 아멘.

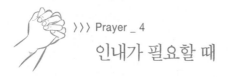

인내가 필요할 때

우리의 죄악을 참고 인내하시는 하나님!

우리에게 주님의 인내를 배우게 하소서.

작은 일에도 참지 못하고 화를 내며 안달하는

인간의 연약함을 용서하소서.

참고 인내하는 마음을 주시어

이해 못하는 일은 하나님의 뜻에 맡기고 살게 하소서.

내가 다른 사람을 변화시키려 하지 말고

하나님의 능력으로 변화시킬 수 있음을 믿게 하시고

주님에게 맡기는 자세를 갖게 하소서.

인내하지 못하는 것은 믿음의 부족에서 오는 것임을 알게 하시고

오히려 이런 기회에 인내의 열매를 맺게 하소서.

내가 인내할 수 없음을 먼저 받아들이고

주님의 능력으로 인내하게 하시고

십자가에서 참으신 주님의 오래 참음을 본받아

내 삶에 열매로 맺히게 하소서.

예수님의 이름으로 기도드립니다. 아멘.

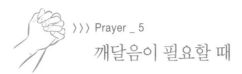

깨달음이 필요할 때

지혜의 주님!

저에게 깨달음을 주소서.

나의 생각이 얼마나 연약하고

힘이 없는지 알게 하시고

내 생각대로가 아닌 하나님의 지혜로

세상의 일을 처리하게 하소서.

선한 것을 분별하는 깨달음을 주시고

깨달은 대로 실천하며 순종하게 하소서.

나의 마음이 강퍅하여 단단해질 때

주의 성령이 임하셔서 부드러운 마음을 주시어

작은 것에서도 하나님의 은혜를 깨닫게 하소서.

내 생각대로 살게 마시고

하나님이 주시는 깨달음으로 인생을 살게 하소서.

예수님의 이름으로 기도드립니다. 아멘.

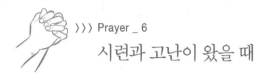

시련과 고난이 왔을 때

사랑의 주님!

나에게 닥친 시련과 고난은 인간의 부족함에서 오는 것입니다.

나의 유익을 위해 주시는 것이요

주님의 자녀이기에 받는 시련이라면 감사하면서

그 의미를 발견하여 이기게 하소서.

시련과 고난을 통하여 영적으로 더욱 성장하는 기회가 되게 하시고

시련과 고난을 통하여 미래의 영광을 보게 하소서.

현재의 고난은 앞으로 닥칠 하나님의 영광과 비교하면

족히 비교할 수 없음을 알게 하소서.

그렇게 함으로써 지금의 고난이 작아 보이게 하소서.

주님의 시간으로 볼 때는

아주 작은 경점과도 같은 것임을 깨닫게 하시고

그 안에서 주시는 하나님의 깊은 은혜를 알게 하소서.

시련을 통해 믿음이 성장하고 주님을 알아가는 기회가 됨을 믿사오니

시련을 잘 이기어 주님의 뜻을 깨닫는 사람으로 자라가게 하소서.

예수님의 이름으로 기도드립니다. 아멘.

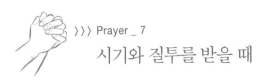

>>> Prayer _ 7

시기와 질투를 받을 때

평강의 주님!

제 주변의 사람들이 저를 시기하고 질투합니다.

그들의 소리가 저를 괴롭히고

그것을 생각할 때마다 이기기 힘듭니다.

나도 모르게 죄를 짓게 되고 그들을 미워하게 되오니

이런 상황에서 하루 빨리 벗어나도록 도와주소서.

시기와 질투의 소리를 사람의 소리가 아닌

악한 사탄이 저를 삼키는 소리로 듣게 하시어

그것에 빠져들지 않게 하소서.

시기와 다툼은 성령이 주시는 것이 아님을 깨달아

그것에서 멀어지게 하시고

그들을 위하여 기도하는 마음을 주소서.

시기와 미움이 사랑과 용서로 바뀌게 하소서.

예수님의 이름으로 기도드립니다. 아멘.

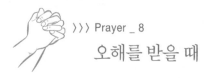

>>> Prayer _ 8
오해를 받을 때

우리의 마음을 이미 알고 계시는 하나님!

제가 지금 진실이 아닌 것으로 오해를 받고 있습니다.

오해받는 것 때문에 나도 모르게 분노가 생기고

상대방을 미워하게 됩니다.

진실은 하나님만이 아십니다.

하나님은 공평하신 분입니다.

언젠가는 하나님이 오해를 풀어주실 줄 믿습니다.

주님이 가장 적당한 때 오해를 풀어주실 줄 믿습니다.

주님도 오해를 받아서 십자가에 매달려 죽으셨습니다.

주님을 생각하면서 위로받게 하시고

주님의 지혜를 배우게 하소서.

내가 문제를 풀려고 하지 말고

주님의 도우심으로 이루게 하소서.

최선을 다하되 억지로 하지 말게 하시고

이것을 통하여 주님의 섭리를 이해하게 하소서.

예수님의 이름으로 기도드립니다. 아멘.

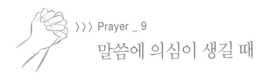

말씀에 의심이 생길 때

말씀이 육신이 되어서 우리 가운데 오신 주님!

천지를 말씀으로 창조하신 하나님의 역사를 믿습니다.

그러나 말씀에 의심이 생기는 것은 어쩔 수 없습니다.

이 모든 것이 인간의 생각으로 하나님의 일을 이해하고

성경을 받아들이려고 하는 것임을 먼저 깨닫게 하시고

자연스럽게 받아들이는 믿음을 주소서.

내 힘으로 말씀을 이해하기보다는

주님이 주시는 지혜와 조명하심으로 말씀을 이해하게 하소서.

먼저 말씀에 대해서 순종하는 마음을 주시고

말씀으로 만들어진 세상을 바라보면서

그 신비를 깨닫는 마음을 주소서.

믿을 수 없는 것을 믿는 것이 믿음임을 알게 하시고

이런 사실을 통하여 나의 생각과 마음이 넓어지게 하소서.

보이는 것으로만 믿지 말고

보이지 않는 것으로도 믿는 마음을 주소서.

예수님의 이름으로 기도드립니다. 아멘.

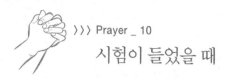

시험이 들었을 때

사랑의 주님!
제가 생활 속에서 시험이 들었습니다.
저를 도와주소서.
시험은 다른 사람이 아닌
나의 욕심에서 나오는 것이라 하셨사오니
그것을 깨닫는 은혜를 주소서.

시험을 통하여 남의 허물보다는
나의 허물을 보는 기회로 삼게 하시고
나에게 있는 서운한 감정을 없애주소서.
시험에서 하루 빨리 벗어나게 하시고
오랫동안 지체되지 않게 도와주소서.

시험 속에서 유혹하는 사탄의 소리에
귀를 기울이지 말게 하시고
성령의 세미한 음성을 들어 순종하여

오히려 시험 중에서 축복을 받는 사람이 되게 하소서.

시험을 사람이 준다고 생각하지 말고
주님이 주신다고 생각하면서
주님은 감당하지 못할 시험을
허락하시지 않는다는 말씀을 기억하여
시험 때문에 시험 드는 일이 없도록 도와주소서.

시험은 하나님께 나아가는 성숙을 위해 주시는
축복임을 알게 하시고
시험을 통하여 새로운 비전을 품게 하소서.
예수님의 이름으로 기도드립니다. 아멘.

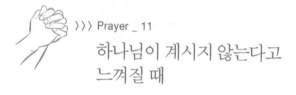

하나님이 계시지 않는다고
느껴질 때

언제 어디서나 계시는 주님!

저는 종종 하나님이 안 계신다는 생각을

할 때가 있습니다.

왜냐하면 하나님이 눈으로 보이지 않기 때문입니다.

영이신 하나님을 믿는다는 것이

그래서 어려운가 봅니다.

주님, 이것을 위해서 영이신 하나님을 느끼게 하소서.

나의 영을 맑게 하시고

그 영으로 주님을 바라보게 하소서.

공기와 바람이 눈에 안 보이지만

우리 곁에 존재하는 것처럼

하나님의 임재와 사랑도

이처럼 나에게 다가오게 하소서.

표현되지 않는 것에 익숙하게 하시고

보이지 않는 것이 자연스럽게 하소서.
따지고 확인하고자 하는 어리석음에서 벗어나
나의 시야와 생각 밖에 계시는 하나님의 존재를
인정하는 믿음을 주소서.
하나님은 나에 의해 계시는 것이 아니라
이미 태초 전에 나와 상관없이 존재하신
하나님이심을 믿게 하소서.

주님, 저에게도 시공간을 넘어선
하나님의 모습을 보는 그날을 주소서.
예수님의 이름으로 기도드립니다. 아멘.

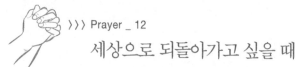

세상으로 되돌아가고 싶을 때

사랑하시되 끝까지 사랑하시는 주님!

간절히 기도합니다.

주님을 믿는다고 하지만 아직도 내 안에는

세상을 좋아하는 것이 남아 있습니다.

그런 세상의 유혹이 나를 사로잡을 때는

나도 모르게 무너지고 힘듭니다.

아직도 내 안에는 세상을 좋아하는 욕심이 들어 있습니다.

아직도 내 안에는 주님보다 더 좋아하는 것들이 있습니다.

이런 것들은 아직도 진정한 가치와 보화를

발견하지 못한 때문인 줄 아오니

하루 빨리 믿음의 보화를 경험하게 하시고

그것이 세상에서 가장 귀한 것임을 믿게 하소서.

주님, 나에게도 세상의 것들을

배설물처럼 버릴 수 있는 능력을 주시고

그리스도를 아는 것이 가장 고상한 것임을 고백하게 하소서.

예수님의 이름으로 기도드립니다. 아멘.

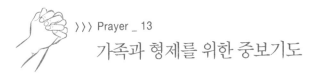

가족과 형제를 위한 중보기도

사랑의 주님!

좋은 가족과 형제를 주신 하나님께 감사드립니다.

가족을 통해 하나님의 깊은 은혜를 느끼고

형제를 통해 이웃을 사랑하는 법을 배우게 하소서.

자연스럽게 사랑할 수 있는 혈육으로 묶어주신 하나님!

이 안에 숨겨진 하나님의 계획과 의미를 알게 하시고

가족과 형제의 사랑을 통해 주님의 사랑을 터득하게 하소서.

가까운 친척과 가족부터 더욱더 사랑하게 하시고

잘 대할 수 있도록 하소서.

형제간의 우애가 깊어져

그 안에 주님의 모습이 더욱더 나타나게 하시고

세상 사람들이 우리 가족과 형제를 통해

주님의 제자임을 알게 하소서.

예수님의 이름으로 기도드립니다. 아멘.

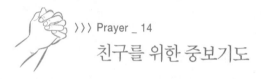

친구를 위한 중보기도

우리의 친구가 되신 주님!

제게 친구를 주심을 감사합니다.

친구를 통해 받은 은혜를 잊지 말고 그것에 보답하게 하소서.

특별한 관계로 맺어주신 데는 하나님의 섭리가 있는 줄 믿습니다.

서로 좋은 관계로 발전해서

주님의 영광을 위한 삶을 드리게 하소서.

무엇보다도 친구 ○○○에게 좋은 믿음을 주셔서

주님의 신실한 제자가 되게 하시고

많은 사람에게 영향력을 끼치는 사람이 되게 하소서.

넉넉한 마음을 주셔서 그를 통해 많은 사람이

복을 받게 하시고 행복한 삶을 누리게 하소서.

어려운 자에게 용기를 주는 친구로서 살게 하시고

자기보다는 남을 낫게 여기는 친구로 만들어주소서.

신령한 은혜를 사모하여

하나님의 지식을 더욱더 알아가게 하소서.

예수님의 이름으로 기도드립니다. 아멘.

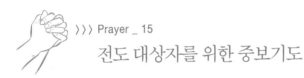

전도 대상자를 위한 중보기도

말씀이 육신이 되어 세상에 오신 주님!

전도 대상자인 ㅇㅇㅇ를 위해 기도합니다.

주님을 영접하도록 먼저 마음을 열게 하소서.

자신이 하나님 앞에 죄인임을 깨닫게 하시고

하나님께 돌아옴으로써 영생을 얻을 수 있음을 믿게 하소서.

주님의 십자가의 죽음이 죄인 된 자신을 위한 죽음임을 믿게 하시고

주님을 마음으로 믿어 의에 이르고

입으로 시인해 구원을 받게 하소서.

주님을 믿을 수 있도록 주위의 환경을 변화시켜주소서.

복음을 받아들일 수 있도록 순수한 마음을 주시고

복음을 전할 수 있는 사람을 붙여주소서.

ㅇㅇㅇ를 구원하셔서 그를 통해 주님의 복음이

널리 전해지게 하시고 구원받는 수가 많아지게 하소서.

예수님을 통해 새 인생을 살게 하시고

영생을 받은 마음으로 세상을 바라보게 하소서.

예수님의 이름으로 기도드립니다. 아멘.

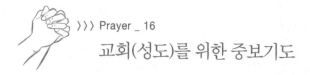

교회(성도)를 위한 중보기도

교회의 머리가 되시는 주님!
성도들과 한 몸 된 공동체를 허락하심에 감사합니다.

주님의 지체가 된 성도들이
누구보다도 머리 되신 주님을 더욱 닮아가게 하소서.
교회를 통해 믿음이 자라게 하시며
주님의 증인으로 살게 하소서.

성도의 교제가 활발하게 일어나게 하셔서
건강한 교회를 이루게 하소서.
성도 간에 서로 복종하며 서로 섬기며
서로 존경하는 삶을 살게 하소서.

성도의 공동체를 통해 주님의 이름이 나타나게 하소서.
다른 지체들을 위해 기도하는 삶을 살게 하시고
다른 성도들을 내 몸처럼 사랑하는 마음을 주소서.

내가 곧 교회임을 생각해서
교회를 내 몸처럼 사랑하게 하소서.

교회의 주인이신 주님이
교회의 공동체를 통해 나타나게 하시고
사람이 중심이 아닌 주님이 중심인 교회 되게 하소서.
예수님의 이름으로 기도드립니다. 아멘.

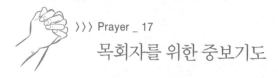

목회자를 위한 중보기도

우리의 목자가 되시는 주님!
좋은 목사님을 주신 하나님께 감사드립니다.
○○○ 목사님(전도사님)을 위해 기도합니다.
하나님의 신실한 목자로서 삶을 살게 하시고
하나님의 뜻을 이루어드리며
하나님께 칭찬받는 종이 되게 하소서.

맡은 일에 충실하며
겸손과 사랑과 은혜가 충만한 목자로서
양들을 잘 돌보게 하소서.
성령의 충만함을 덧입혀주셔서
많은 사람에게 하나님의 뜻을 잘 전하게 하시고
그를 통해 많은 신실한 제자들이 나타나게 하소서.

진리에 사로잡혀 진리 안에 거하는
종이 되게 하시고

하나님의 마음에 합한,
진정 하나님의 나라를 위해
꼭 필요한 목자가 되게 하소서.

하나님을 경외하며 사람들을 사랑으로 이끄는
신실한 목자로서
주님의 몸 된 교회를 잘 섬기게 하소서.
한 영혼을 귀하게 여기며
주님이 오시는 날까지 충성으로
사명을 잘 감당하게 하소서.
예수님의 이름으로 기도드립니다. 아멘.

C·H·A·P·T·E·R·4
—

성숙한 인격을
갖추기 위한 기도문

바른 자아상을 세우고 싶을 때 | 성경적 세계관을 갖고 싶을 때

일의 우선순위를 정하고 싶을 때 | 어디서든지 책임감을 갖고 싶을 때

사랑의 마음을 갖고 싶을 때 | 감정을 잘 조절하고 싶을 때 | 절제의 힘을 얻고 싶을 때

언어생활을 잘하고 싶을 때 | 마음을 굳게 하고 싶을 때 | 자존감을 갖고 싶을 때

하나님이 주신 외모를 가치 있게 여기고 싶을 때 | 건강한 몸을 갖고 싶을 때

좋은 습관을 갖고 싶을 때 | 돈과 물질을 잘 사용하고 싶을 때

하나님이 주신 성(性)을 잘 사용하고 싶을 때

하나님은 영이시다. 기도는 영이신
하나님과 교제하는 일이다.
인간과 교제하는 것이 아니다.
하나님은 영이시기에 우리의 눈에
보이지 않는다. 육신의 눈으로는
하나님을 볼 수가 없다. 영이신 하나님은
영으로 보아야 한다.

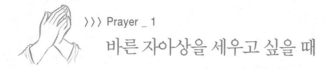
모든 것에 완전하신 주님!
부족한 우리에게 주님의 온전하심을 부어주소서.
사람을 닮기보다는 온전한 주님의 형상을 닮아가게 하시고
하나님 안에서 자기의 본래 모습을 알아가게 하소서.

우리 안에 있는 하나님의 형상을 날마다 발견하게 하시고
많은 사람 앞에서 주님의 형상을 드러내게 하소서.
건전한 자아상이 주님 안에서 확립되게 하시고
그런 마음으로 세상과 이웃을 바라보는 믿음을 주소서.

눈에 보이는 대로 보지 말게 하시고
주님의 마음으로 세상을 바라보게 하소서.
날마다 그리스도 앞에서 자기를 죽이는 훈련을 하게 하시고
주님의 형상이 그를 통하여 밝히 드러남을 경험하게 하소서.
말씀으로 무장시켜주셔서 말씀이 육신이 되는 삶을 살게 하소서.

모든 생각이 하나님의 말씀에서 나오게 하시고
말씀을 이루는 삶을 살게 하소서.
혹시 부족한 인간의 허물이 나타날 때는
인간의 약함을 통해 하나님의 강함이 드러나게 하시고
불완전한 자아상이 나타날 때마다
주님을 더욱 사모하면서 주님을 본받는 마음을 주소서.
예수님의 이름으로 기도드립니다. 아멘.

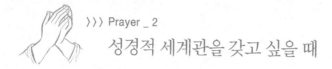

성경적 세계관을 갖고 싶을 때

사랑의 주님!
우리 형상의 출발점이 되는
주님의 형상을 충만하게 하소서.
세상을 바라볼 때 인간의 생각으로 보지 말고
하나님의 형상으로 바라보게 하소서.

주님이 주시는 말씀 안에서 이 세상을 바라보게 하시고
말씀이 응하는 믿음으로 바라보게 하소서.
부정적인 세계관이 마음에 자리 잡지 않고
모든 것을 하나님의 섭리로 바라보게 하소서.
모든 것에 하나님의 선한 뜻이 숨겨져 있음을 믿게 하시고
듣고 보이는 대로 판단하지 말고
하나님의 지혜로 생각하게 하소서.

세상의 잘못된 가치관이나 관점이 마음에 들어오지 않게 하시고
진리의 말씀만이 그 마음에 가득하게 하소서.

말할 때 주님의 말씀을 하는 것같이 하게 하시고
결정할 때 늘 주님의 뜻 안에서 선택하게 하소서.

언제나 주님의 마음을 품고 세상을 바라보며
주님의 사랑으로 사람을 대하는 신실한 마음을 주소서.
자기 고집을 버리고 주님의 뜻을 먼저 생각하게 하시고
이 세상의 나라가 아닌 하나님의 나라를 이루는 마음으로
모든 일을 대하게 하시고 닥쳐오는 환경을 잘 감당하게 하소서.
예수님의 이름으로 기도드립니다. 아멘.

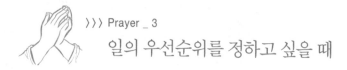
모든 것의 근원이 되시는 주님!

부족한 우리를 매 순간 주님의 뜻으로 인도하소서.

일을 할 때마다 하나님이 기뻐하시는 일이 무엇인지를

알 수 있는 영적 분별력을 주소서.

매 순간 닥친 일을 하나님의 눈으로 바라보는 마음을 주시고

사람을 기쁘게 하기보다는

하나님을 기쁘게 하는 일을 하게 하소서.

모든 일의 시작이 하나님으로부터 온다는 사실을 믿게 하시고

하나님의 은총을 헛되이 받지 않게 하소서.

주어진 모든 것이 하나님으로부터 왔다는 사실에

감사하게 하시고 그런 믿음 속에서

닥친 일과 주어진 일을 처리하게 하소서.

무엇보다 하나님의 나라와 의를 구하는 일에 열정을 주시고

언제나 그 일에 충실하게 하소서.

부족한 것은 하나님이 채워주신다는 믿음을 가지고

먼저 하나님을 기쁘게 하는 데 최선을 다하게 하소서.

주님, 원하옵기는

믿음 안에 굳건하게 설 수 있도록 도와주소서.

하나님의 말씀이 마음에 충만하게 거하게 하시고

그 말씀이 기초가 되어

모든 일의 우선순위를 결정하게 하소서.

"예"라고 말해야 할 때 "예"라고 말하게 하시고

"아니요"라고 말해야 할 때 "아니요"라고 말할 수 있는

힘을 주시소서.

주님 안에서 무엇이 우선순위인지를 알게 하시며

그 우선순위를 아는 대로 실천할 수 있는 능력을 주소서.

매 순간 실천할 것을 다짐하면서도 주저하는 모습이 되지 말고

결단력 있게 행동에 옮기는 힘을 주소서.

예수님의 이름으로 기도드립니다. 아멘.

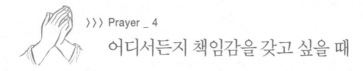

어디서든지 책임감을 갖고 싶을 때

모든 것을 창조하신 주님!
우리를 위해서 모든 것을 만들어주신 하나님을 찬양합니다.
아름다운 자연을 주시고
세상의 풍족한 물질을 주신 것을 감사합니다.
어디서든지 하나님의 대리자로서 살 수 있는 마음을 주시어
하나님이 만드신 세상을 아름답게 가꾸어 나가는
책임적인 소명감을 주시소서.

그리스도인으로서 세상을 사랑하는 책임감을 주시고
직장과 일터에서 주어진 일을 잘 감당하며
모두를 행복하게 하는 사람이 되게 하소서.
축복과 자유를 얻은 만큼 책임감을 갖게 하시고
그것에 부응하는 삶을 살도록
믿음의 훈련과 준비를 하게 하소서.

하나님의 기뻐하시고 온전하신 뜻을 잘 분별하여

생활 속에서 무엇을 행할 것인지 깨닫게 하시고
자기에게 맡겨주신 사명과 책임을 잘 감당하여
향기 나는 그리스도인으로 살게 하소서.

남에게 책임을 미루지 말고
내가 먼저 그 일에 책임을 지고 나가는
헌신된 사람이 되게 하소서.
져야 할 책임 있으면 주저하거나
남에게 핑계를 대지 말고
당당하게 그것에 대한 책임을 지면서
하나님의 은혜를 구하는 믿음의 사람이 되게 하소서.

영혼의 구원에 대한 책임감을 허락하시어
세상을 바라보면서 구원의 부담감을 가지고 살게 하시고
그 일을 잘 감당하도록 성령의 충만함을 주소서.
예수님의 이름으로 기도드립니다. 아멘.

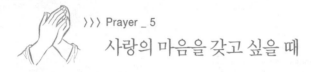

사랑의 마음을 갖고 싶을 때

사랑의 주님!
자기의 몸을 모두 바쳐 우리에게 사랑을 주신
주님을 찬양합니다.
주님의 사랑을 온전히 닮게 하소서.
인간적인 사랑에 머물지 말고
하나님의 사랑을 배우게 하소서.

하나님의 사랑을 얻기 위해서 무엇보다 먼저
하나님 앞에서 자기를 포기하는 믿음을 주시고
주님의 사랑을 체험하여 세상을 사랑하게 하소서.
사랑하되 끝까지 사랑하며
변하지 않는 신실한 사랑을 하게 하소서.

받기보다는 주는 사랑을 하게 하시고
이해받기보다는 이해하는 사랑을 주시고
대가 없이 거저 주는 사랑을 체험하게 하소서.

날이 가면 갈수록 얼굴이 사랑으로 가득하게 하시고
무엇을 하든지 사랑의 마음으로 하게 하소서.

말씀을 읽을 때도 주님을 사랑하는 마음으로 하고
봉사할 때도 주님을 사랑하는 마음으로 충성되게 하소서.
사람과 만날 때도 사랑의 마음이 가득 풍겨 나오게 하시고
주님의 사랑으로 미움의 세상을 덮게 하소서.
주님의 사랑으로 죄지은 자를 용서하게 하소서.
서로 만날 때마다 주님의 사랑이 풍성하게 하시고
깊은 사랑을 느끼게 하소서.

주님의 은혜를 허락하시어
이 세상에 가장 큰 것이 사랑임을 확신하게 하소서.
남은 생애를 오직 주님을 사랑하고
이웃을 사랑하는 일에 모든 것을 바치도록 도와주소서.
예수님의 이름으로 기도드립니다. 아멘.

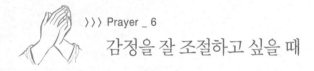
감정을 잘 조절하고 싶을 때

온전한 인격을 가지신 주님!
우리의 마음을 가장 잘 아시고
내 안에 있는 작은 감정까지 세밀하게 읽고 계시는
주님을 찬양합니다.
이런 주님을 내 마음에 모실 수 있다는 것에 감사를 드립니다.

나의 감정을 잘 아시듯이
사람의 마음과 감정도 잘 아실 줄 믿습니다.
기도하옵기는 주변 사람이 느끼는 감정에 무디지 않게 하시고
작은 것에도 감동을 받는 마음을 주소서.
모든 것을 분석적이고 이성적으로 볼 수 있는 마음을 주시되
아울러 포근한 감정으로 사람을 대하는 능력도 함께 주소서.

감정을 잘 다스리게 하시고
따스한 감정을 잃어버리지 않으면서
감정에 너무 지배당하지 않게 하소서.

지·정·의가 균형 있게 작용하여
온전한 사람으로 성장하게 하소서.

사람을 대할 때 그 사람이 처한 상황과
감정적인 부분을 잘 이해할 수 있는 마음을 주시고
자기 입장에서만 바라보지 말고
다른 사람의 입장과 마음을 헤아리게 하소서.
감정에 너무 격하여 이성을 잃어버리는 일이 없도록 하시고
모든 것을 소중하게 볼 수 있는 마음을 주소서.

자기의 편견에 지배당하지 않게 하시고
오직 성령의 지배 속에
모든 감정을 잘 절제하도록 도와주소서.
하늘 같은 마음을 주시어
하찮은 것에 시간을 허비하지 않게 하시고
아무리 어려운 일이 닥쳐도
흔들리지 않는 반석 같은 마음을 주소서.
마음을 변하는 상황에 두지 말고
주님을 믿는 믿음에 기초를 두게 하소서.
예수님의 이름으로 기도드립니다. 아멘.

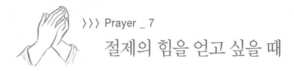

절제의 힘을 얻고 싶을 때

사랑의 하나님!

무엇을 하든지 너무 과하지 않게 하시고

무엇을 하든지 너무 모자라지 않게 하소서.

아무리 많은 것을 얻어도

절제가 사라지면 패망하게 됨을 알게 하시고

아무리 뜨거운 사랑을 한다 해도 절제가 없으면

불행한 사랑이 될 수 있음을 깨닫게 하소서.

절제는 하나님이 주신 성령의 선물로

하나님의 편에서 적정선을 유지하는 능력임을 믿게 하소서.

모든 것을 내 중심에서 바라보지 말고

하나님 중심으로 바라보면서 절제를 배우게 하소서.

모든 것을 내 욕망에서 찾지 말고

하나님의 마음에서 적절한 은혜를 터득하게 하소서.

절제가 우리 모든 것의 마지막임을 깨닫고

절제의 능력으로 마무리를 잘하게 하소서.
무엇인가 잘될 때 절제를 잊어버리지 않게 하시고
사랑의 열정이 타오를 때
절제를 통하여 죄를 짓지 않게 하소서.

절제는 스스로 할 수 없는,
하나님이 주신 능력임을 알게 하시어
평소에 하나님의 은혜를 통하여 절제의 힘을 기르게 하소서.
한순간에 큰 절제가 나올 수 없는 것임을 알아
평소에 작은 일에서부터 절제를 배우며 훈련하게 하소서.

언어에서, 물질에서, 자랑에서, 사랑에서, 음식에서,
믿음에서, 일 속에서, 교제 속에서 절제의 위력을 배우게 하시고
그것을 적절하게 사용할 수 있는 힘을 주소서.
과하지도 않고 부족하지도 않은 가장 아름다운 모습으로
인생을 하나님께 드리게 하소서.
예수님의 이름으로 기도드립니다. 아멘.

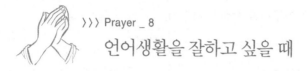

>>> Prayer _ 8
# 언어생활을 잘하고 싶을 때

말씀으로 세상을 창조하신 하나님!
오늘도 말씀으로 모든 것이 성취됨을 믿고
그 이름을 찬양합니다.
언어를 말할 수 있게 하심을 감사합니다.
말하고 싶어도 말할 수 없는 사람들이 많은데
자유롭게 말할 수 있는 것이 얼마나 고맙고
감사한 은혜인지 모릅니다.
혀와 입술을 주신 특별한 은혜를 감사하게 하소서.

무엇보다도 주신 혀를 잘 사용하도록 도와주소서.
상대방에게 상처주는 말을 하지 않게 하시고
상대방에게 위로와 격려를 주는 말을 하게 하소서.
원망하는 언어를 제거하게 하시고
참고 인내하는 은혜의 말이 되게 하소서.

사랑하는 사람에게 부정적인 말을 하기보다는

긍정적이며 하나님의 축복을 빌어주는 언어를
사용하게 하소서.

혹시라도 인격을 무시하고 저주하는 언어를
사용하지 않도록 마음에 선한 것으로 채워주소서.
마음에 쌓는 대로 입으로 나온다고 했으니
마음에 거룩한 것으로 채우게 하시고
좋은 생각과 아름다운 마음을 품게 하소서.

언어를 통하여 공동체를 세우고
서로의 관계를 올바르게 세우는 삶을 허락하소서.
좋은 언어를 통하여
주위의 사람들이 희망과 격려를 얻게 하소서.
예수님의 이름으로 기도드립니다. 아멘.

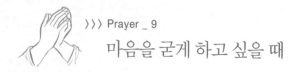

마음을 굳게 하고 싶을 때

사람의 마음을 창조하신 하나님!

나의 마음에 선한 것으로 가득하게 하소서.

다른 악한 것이 들어오지 않도록

주의 말씀으로 늘 채워주시고

마음이 감정이나 주위 환경에 휩싸이지 않고

진리인 말씀에 뿌리 두게 하소서.

하루에도 수없이 변하는

불안전한 사람의 마음을 의지하지 말고

변하지 않는 하나님의 마음에 소망을 두게 하소서.

사람을 의지하는 마음에서

하나님을 의지하는 마음으로 변하게 하시고

물질을 사랑하는 마음에서

하나님을 사랑하는 마음으로 전환하게 하소서.

마음의 평안을 세상에서 얻으려고 하지 말고

주님을 신뢰함으로 얻게 하소서.
헛된 세상의 영광에 마음을 빼앗기지 않고
하늘의 영원한 소망에 마음을 두게 하소서.

서로 교제할 때도 상대방의 마음에 관심을 두기보다는
주님의 마음에 관심을 두고
주님의 마음으로 상대방을 바라보게 하소서.
어쩌다 마음이 상하고 우울할 때에도
주님에게 마음을 맞추게 하시고
평상시에도 늘 그리스도의 마음을 품는 훈련을 하게 하소서.

악한 마음이 자리 잡지 않도록
성령의 생각에 나의 마음을 순종하게 하시고
하나님의 마음으로 내 마음을 가득 채우게 하소서.
예수님의 이름으로 기도드립니다. 아멘.

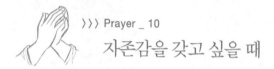

자존감을 갖고 싶을 때

모든 것의 시작이 되시는 주님!

세상을 살아가면서 나 때문에 힘들 때가 많습니다.

어려운 문제가 발생할 때

우리는 다른 사람 때문에 생긴 문제인 것 같지만

알고 보면 나 자신의 문제인 것을 깨달을 때가 많습니다.

내가 나를 가장 잘 아는 것 같아도

알고 보면 내가 나 자신을 가장 잘 모르는 것을

인정하는 사람이 되게 하소서.

아무것도 아닌 자존심을 세우기 위하여

인간의 욕심을 부리지 않게 하시고

상대방에게 무리한 것을 요구하지 않게 하소서.

나의 인격이 존귀하듯이

상대방의 인격도 또한 존귀한 것을 알게 하시고

나보다 남을 낮게 여기는 삶을 살게 하소서.

남을 귀하게 보면서 내가 귀하게 여김을 받는 진리를 알게 하시고

친밀할수록 더욱더 상대방을 존경하고

인격을 세우는 사람이 되게 하소서.

나의 인격이 하나님의 인격을 닮아가게 하시고

그런 모습 속에서 모든 사람을 대하게 하소서.

한 영혼을 위해 모든 것을 버리고 찾아 나서는 주님의 사랑을

나의 인격 속에 심게 하시고

그런 눈으로 상대방을 사랑하고 섬기게 하소서.

자존심이 상처를 입었을 때라도

그것으로 시험에 들게 하지 마시고

오히려 그것을 기회로 자신을 십자가 앞에 죽이는

연단의 기회로 삼게 하소서.

내가 죽음으로 주님이 높아지는 진리를 터득하게 하시고

내가 혼자가 아닌

언제나 주님과 함께 사는 존재임을 알게 하소서.

내 안에 계신 주님을 높이기 위해서

먼저 나의 낮아짐을 수용하게 하소서.

하나님이 나의 자존감을 높여주시는 그날을 바라보면서

인내하며 살게 하소서.

오직 내 안에 그리스도만이 존귀하게 하는 데

나의 자존심을 사용하게 하소서.

예수님의 이름으로 기도드립니다. 아멘.

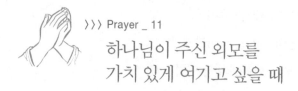

하나님이 주신 외모를
가치 있게 여기고 싶을 때

우주 만물을 창조하신 하나님!
모든 것을 만드신 하나님을 찬양하고 그 이름을 높입니다.

어느 것 하나도 주님이 만들지 않으신 것이 없습니다.
그 모습이 얼마나 아름답고 오묘한지요.
하나님의 사랑으로 세상이 아름다운 모습을 지니게 하셨고
만물 속에 하나님의 신성이 들어 있고
하나님의 사랑이 표현되어 있음을 믿습니다.

외모 역시 하나님이 주신 것임을 믿습니다.
하나님이 주신 외모를 아름답게 잘 가꾸게 하시되
나를 드러내는 것을 위하여 사용하지 말고
주님의 선하신 뜻을 나타내는 데 사용하게 하소서.

나에게 주신 외모 때문에 자만하거나
실족하지 않게 하시고

오히려 주신 외모를 통하여 하나님의 영광이 드러나게 하소서.
내용이 빠진 외모에만 치중하는 어리석음에서 벗어나게 하시고
마음을 드러내는 의미에서 외모를 잘 가꾸게 하소서.
나를 드러내는 외모가 되지 않고
복음을 드러내는 외모가 되게 하소서.

다른 사람에게 혐오감이나 피해를 주는 외모가 되지 않고
힘과 용기를 주는 외모가 되게 하소서.
외모를 너무 중요시하거나
너무 하찮게 여기지 않게 하소서.

하나님의 선한 의지에 따라
외모와 마음의 균형을 이루게 하시고
그런 모습으로 서로 아름다움을 만들어가게 하소서.
외모를 통하여 중심을 바라보는 눈을 주시고
외모를 통하여 인격을 사랑하는 마음을 주소서.
외모는 잠시 있다 사라지는 일시적인 것임을 명심하고
외모에 너무 마음을 빼앗기지 않게 하소서.
외모를 통하여 유한한 인간의 한계와 부족함을 배우게 하소서.
예수님의 이름으로 기도드립니다. 아멘.

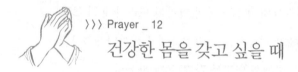

건강한 몸을 갖고 싶을 때

나의 힘이 되신 하나님!
지금 나에게 주신 건강을 감사합니다.
건강이 사람에게서 온 것이 아니라
하나님으로부터 오는 것임을 알게 하시고
건강을 통하여 하나님을 찬양하고
늘 생활 속에서 감사하게 하소서.

건강을 하나님을 위하여 사용하게 하시고
인간의 만족이나 욕망을 위해 사용하지 않게 하소서.
나를 위하여 건강을 주신 것이 아님을 알게 하시어
하나님의 나라와 의를 구하는 것에
주신 건강을 사용하게 하소서.

건강이 늘 존재하는 것이 아님을 알게 하시고
건강이 주어졌을 때 주님을 위해 사용하게 하소서.
건강을 위해서 우리 몸을 잘 다스리고

관리하는 능력을 주소서.

하나님의 방법에 따라 몸을 관리하게 하시고

나의 몸이라 생각하며 함부로 다루거나 혹사하지 않게 하소서.

나의 몸이 내 것이 아님을 늘 인정하면서

주님의 방법대로 몸의 건강을 이루게 하소서.

건강이 좋지 않을 때도

건강하지 못한 것을 원망하지 않게 하시고

하나님께 건강을 위해 계속 기도하면서

그 건강으로 하나님을 위해 사용하는 비전을 품게 하소서.

하나님의 방법으로 건강해질 줄 믿는 믿음을 주시고

인간의 연약함을 고치시는 능력의 하나님을 신뢰하게 하소서.

무엇보다도 육신의 건강보다

마음의 건강과 영혼의 건강에 우선을 두게 하시고

마음의 건강으로 육신의 건강을 돌보게 하소서.

건강할 때나 건강하지 못할 때나 상관없이

주님을 사랑하고 주님을 섬기는 마음을 주소서.

언제나 주님이 허락하실 때에 한에서만 건강이 유지됨을 믿고

건강할 때 하나님을 즐겁게 하는 일에 힘쓰게 하소서.

예수님의 이름으로 기도드립니다. 아멘.

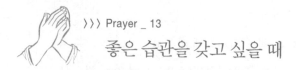

좋은 습관을 갖고 싶을 때

사랑의 주님!
세상의 나쁜 습관에 사로잡히지 않게 하시고
우리에게 거룩한 좋은 습관을 허락하시어
그것을 생활화하게 하소서.
자기도 모르게 익숙해져 있던
세상의 흥미와 욕심에서 결별하게 하시고
새 사람의 성품으로 우리를 변화시켜주소서.

우리의 삶은 하나님의 거룩한 사람을 좇기보다는
세상의 허망한 것에 따라가는 악한 습성이 있습니다.
시시때때로 우리를 유혹하여
거듭나기 전의 습관을 생각하게 하는 것에서 멀어지도록
성령의 도우심이 임하소서.

또한 우리에게는 게으르고 악한 습관이 있습니다.
편하게 살고 싶고

일시적인 만족에 마음을 두고 있는 습성에서 돌아서게 하시고
영원한 하나님의 말씀과
하나님께 기도하고 찬양하며 예배하는 습관으로
우리의 만남이 형성되게 하소서.

쉽게 다가오지 않을지라도
새 사람의 성품에 맞는 삶으로 우리를 인도하소서.
육신의 욕망과 즐거움에 빠지지 않게 하시고
그것이 우리의 습관이 되지 않게 하소서.
좋지 못한 언어의 습관과 취미와
나도 모르게 습성화된 좀처럼 벗어던지지 못한
악하고 더러운 습관이 있으면
먼저 그것의 문제점을 알게 하시고
그것을 멀리 하도록 성령의 충만함을 허락하소서.

내 힘으로는 부족하오니 오직 성령을 좇아 행하면서
자연스럽게 육체의 욕심에서 벗어나는 능력을 주소서.
우리를 성령에 지배받는 삶으로 인도하소서.
예수님의 이름으로 기도드립니다. 아멘.

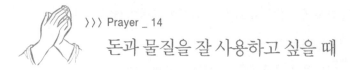

돈과 물질을 잘 사용하고 싶을 때

모든 것의 으뜸이 되시는 하나님!

우리가 사는 세상은 점차 돈과 물질이 중심이 되고 있습니다.

돈이냐 하나님이냐의 양자택일의 상황에서

많은 사람이 흔들리고 있습니다.

사탄은 돈을 하나님으로 섬기면서 살라고 우리를 유혹합니다.

돈도 하나님이 주신 것임을 믿습니다.

그러나 그 돈이 하나님을 거역하는 일에 사용되면

그 순간 무서운 사탄의 도구가 됨을 알게 하소서.

돈은 사랑하는 것이 아닌 관리하는 것임을 깨닫게 하소서.

하나님과 이웃을 사랑하되 돈은 사랑하지 않게 하소서.

생활 속에서 필요한 돈을 주시되

그것이 모든 것의 힘이 되는 일이 없도록 하소서.

서로 사랑하는 관계 속에서 돈이 주체가 되지 않게 하시고

돈을 잘 관리할 수 있는 능력을 주시어

그 돈으로 하나님을 자랑하고

하나님의 이름을 드러내게 하소서.

돈을 벌 수 있는 힘을 주시되

하나님의 방법으로 돈을 벌게 하시고

거룩한 소명으로 돈을 벌게 하소서.

그리고 돈을 하나님의 뜻에 잘 사용하게 하소서.

돈을 벌기 전에 돈을 사용할 수 있는 능력과 믿음을 주시고

돈의 노예가 되지 않는 성령 충만함을 먼저 주소서.

돈이 나를 지배하지 않게 하시고

내가 돈을 지배하게 하소서.

돈으로 사람의 가치를 매기지 말고

하나님의 형상으로서 사람의 가치를 두게 하소서.

바른 청지기적인 자세를 가지고

물질을 사용하고 관리하게 하여

돈을 통하여 하나님을 바르게 섬기는 생활이 되게 하시고

혹시 돈이 부족하다 할지라도 그것으로 슬퍼하지 말고

돈보다도 더 소중한 하나님이 내 안에 있음을 믿고

오히려 감사하게 하소서.

예수님의 이름으로 기도드립니다. 아멘.

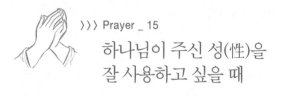

하나님이 주신 성(性)을
잘 사용하고 싶을 때

남성과 여성을 창조하신 하나님!

아름다운 성을 창조하시어

보시기에 심히 좋았더라고 말씀하신 하나님을 기억하여

우리의 성을 아름다운 성으로 가꾸어 나가게 하소서.

성을 하나님의 관점에서 생각하는 훈련을 하게 하소서.

그리하여 성을 추악하거나 더러운 것으로

여기지 않는 마음을 먼저 주시고

아름다운 선물로 성을 이해하게 하소서.

이런 세계관으로 남성과 여성을 바라보며

이성을 사랑하게 하소서.

잘못된, 그리고 왜곡된 세속적인 성문화에

나도 모르게 익숙해진 것에서 벗어나게 하시고

말씀을 통하여 새로운 성의 이해를 갖게 하소서.

사랑하는 연인들의 관계를

하나님이 주신 선물로서 사용하게 하소서.

결혼을 위하지 않는 성의 사용을 금하게 하시고

욕망과 자기의 만족을 위한 성이 되지 않도록

성령의 인도하심을 허락하소서.

충동적인 사랑을 하지 않고

육체적인 성에 이성을 잃어버리거나

마음이 빼앗기는 일이 없도록 도와주소서.

사랑하는 남성을 주신 하나님께 감사하게 하시고

사랑하는 여성을 주신 하나님께 찬양하게 하소서.

남자에게는 여자를 대할 때

"내 뼈 중의 뼈요, 내 살 중의 살이라"는 아름다운 고백으로

여자에 대해서 내 몸처럼 소중하게 생각하게 하시고

여자에게는 남자를 대할 때

자기의 근원으로서 돕는 배필의 사랑을 주소서.

무엇보다도 성을 지혜롭게 사용할 수 있는 능력을 주시어

교제의 기간에 죄짓지 않게 하소서.

이성을 통하여 하나님의 사랑을 많이 깨닫는 기회가 되게 하소서.

이성에 대한 사랑이 하나님과 멀어지는 순간이 되지 않게 하시고

오히려 주님을 더욱 사랑하는 기회로 인도해주소서.

예수님의 이름으로 기도드립니다. 아멘.

C·H·A·P·T·E·R·5

—

닥친 문제를
해결하기 위한 기도문

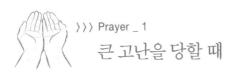

큰 고난을 당할 때

고난을 친히 당하신 주님!

먼저 제게 닥친 고난을 잘 이해할 수 있게 하소서.

이것 역시 주님께로부터 온 것임을 알게 하시고

고난의 의미를 이해하게 하소서.

수고하고 무거운 짐 진 자들을 친히 도우시는 주님!

먼저 주님 안에서 평안을 얻게 하소서.

제게 닥친 이 고난이 주님께 다가서는 기회가 되게 하시고

이 고난을 통해 주님의 고난을 경험하게 하소서.

어려운 순간일수록 주님과 더욱 가깝게 하소서.

하나님의 때에는 고난이 끝날 줄로 믿고

하나님의 순간을 기다리며 이 어려움을 잘 이기게 하소서.

위대함은 고난을 통해 창조됨을 믿으며

불평하지 말고 믿음으로써 이 고난을 잘 이기게 하소서.

말씀으로 위로를 주시고 성령 충만함으로 용기를 주소서.

예수님의 이름으로 기도드립니다. 아멘.

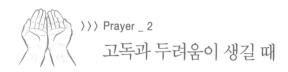

고독과 두려움이 생길 때

우리와 영원토록 친구가 되시는 하나님!

고독한 순간에도 함께하시는 주님을 바라보게 하소서.

영원토록 우리를 자녀 삼아주시고

고아와 같이 버려두시지 않는다고 하신 주님!

고독감과 두려움에서 벗어나도록 도와주소서.

믿음이 부족해서 생긴 것인 줄 알게 하시고

이럴 때일수록 주님을 더욱 가까이하게 하소서.

세상에서의 고독이

오히려 하나님과 만나는 기회가 될 줄 믿습니다.

두려움은 하나님을 인식하지 못함에서

생기는 것임을 알게 하시고

두려울수록 약속의 말씀으로 힘을 얻게 하소서.

"두려워하지 말라. 내가 너와 함께 함이라. 놀라지 말라"(사 41:10)

말씀하신 하나님의 음성을 듣게 하시고

믿음으로 하나님의 임재를 느끼게 하소서.

예수님의 이름으로 기도드립니다. 아멘.

>>> Prayer _ 3
# 낙심될 때

믿음과 소망이 되시는 주님!

여러 가지 일 때문에 낙망 가운데 있는 저를 위로해주소서.

아무리 어려운 상황에 있어도 주님이 저와 함께하심을 믿게 하소서.

주님의 지팡이와 막대기가 저를 위로하시고

보살펴주심을 믿게 하소서.

낙망은 주님을 잊어버렸을 때 생기는

불신앙에서 나오는 것임을 알게 하시고

주님을 의뢰하면서 새 힘을 얻게 하소서.

인간의 힘으로는 되지 않지만 하나님의 능력 안에 거하면

무엇이든지 능치 못할 일이 없음을 믿게 하소서.

제게 일곱 번 넘어져도 다시 일어서는 강함을 허락하소서.

주님의 손이 저를 붙잡고 계심을 믿고

주님의 약속으로 다시 시작할 수 있는 용기를 주소서.

비전을 주시고 미래의 소망을 보여주소서.

예수님의 이름으로 기도드립니다. 아멘.

(시편 23편 참조)

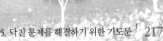

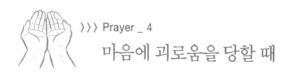

마음에 괴로움을 당할 때

위로자가 되시는 주님!
저의 마음이 너무 괴롭습니다.
어떻게 해야 이 마음을 위로받을 수 있습니까?

주님, 원하기는 괴로워하는 원인을 정확히 알게 하소서.
괴로운 때일수록 상황에 집착하지 말게 하시고
주님의 얼굴을 바라보게 하소서.
괴로울수록 내 중심에서 벗어나
더욱더 멀리 넓은 세계를 바라보게 하시고
다른 사람의 괴로움을 읽을 수 있는 마음을 주소서.

저보다 더 괴로운 사람이
이 세상에 많음을 알게 하시고
오히려 그 속에서
저의 괴로움은 작게 됨을 알게 하소서.
저의 괴로움이 하나님이 제게 주시는

또 다른 은혜의 통로임을 알게 하소서.

제가 당하는 이 괴로움을 통해
괴로워하는 수많은 사람의 아픔을 이해하게 하소서.
괴로움은 죄 때문에 생기는
인생의 필연적인 수고임을 알게 하시고
이런 괴로움을 통해
괴로움이 없는 영원한 하나님의 나라를 사모하는
시간이 되게 하소서.
예수님의 이름으로 기도드립니다. 아멘.
(욥기 38장, 시편 103편 참조)

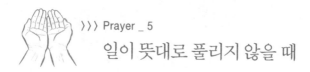

일이 뜻대로 풀리지 않을 때

모든 역사를 섭리하시고 주관하시는 주님!

계획했던 일을 그르쳐 마음이 많이 상해 있습니다.

원하던 것이 뜻대로 되지 않음으로 인해 많이 낙망하고 있으나

이런 모습이 오래가지 않도록 도와주소서.

일의 결과는 하나님께 있음을 믿게 하시고

아무리 인간의 힘으로 노력해도 하나님이 도와주시지 않으면

일이 성사될 수 없음을 깨닫게 하소서.

이번 일을 통해 전적으로 주님을 의지하고

하나님의 뜻을 바라보면서 모든 일을 진행하게 하소서.

마음에 하나님의 말씀이 풍성히 거하게 하셔서

이제는 모든 것이 말씀을 이루는 것이 되게 하시고

말씀대로 순종하는 일이 되게 하소서.

이번 일을 통해 겸손함을 배우게 하시고

더욱더 낮아져 오직 하나님만 나의 만족이 되는 삶으로

새롭게 거듭나는 기회가 되게 하소서.

예수님의 이름으로 기도드립니다. 아멘.

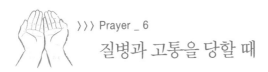

질병과 고통을 당할 때

치료자가 되시는 주님!

저의 아픈 몸을 질병으로부터 구원해주소서.

질병과 고통 가운데 힘들어하고 있지만

이 고통을 잘 이기게 하시고 아무리 어려운 상황이 닥쳐도

주님을 원망하거나 입술로 죄를 범하지 않도록 도와주소서.

주님이 저의 아픈 상황을 잘 알고 계심을 믿습니다.

치료의 손길로 함께하셔서 하나님의 때에 저의 병을 고쳐주소서.

하나님의 말씀 한마디면

죽은 자도 살아나는 기적이 일어남을 믿습니다.

하나님이 원하시면 고치지 못할 질병이 없습니다.

이 확신과 믿음으로 소망 가운데 질병과 고통을 이기게 하시고

이 고통의 시간이 믿음을 연단하는

아름다운 성숙의 과정이 되게 하소서.

질병의 고통을 통해 아픈 자를 이해하는 기회가 되게 하시며

더욱더 겸손하게 하나님 앞에 서는 축복을 허락해주소서.

예수님의 이름으로 기도드립니다. 아멘.

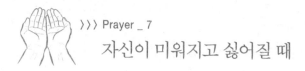

자신이 미워지고 싫어질 때

우리를 변함없이 사랑하시는 하나님!
저를 창조하시고 지금까지 지켜주신
하나님을 찬양합니다.
하나님의 도우심이 없었다면
현재 저는 존재할 수 없었을 것입니다.

이런 감사를 잊어버리고
자꾸 제 자신이 미워지고 싫어집니다.
저의 뜻대로 되지 않는 일 때문에 이런 현상이 생기고
생각처럼 일을 수행하지 못함으로 인해
제 자신이 초라하게 느껴집니다.
주님! 저의 자존감을 회복시켜주시고
하나님 앞에서 제가 얼마나 귀한 존재인지 알게 하소서.

이 세상에 저와 똑같은 존재가 하나도 없는
하나님의 귀한 창조물임을 확신하게 하시며

주님이 계획하신 비전과 은사를 발견해서
그것에 열심을 다하게 하소서.

하나님이 저를 싫어하시지 않는 한
제 스스로 저를 미워하거나 싫어하지 않게 하소서.
저의 눈으로 세상을 보지 말고
하나님의 눈으로 보게 하소서.

제 자신을 귀하게 여기며
하나님의 자녀로서 바라보게 하소서.
주님이 저를 위해 십자가에 죽으심으로써
값 주고 사신 존재임을 깨닫게 하소서.
예수님의 이름으로 기도드립니다. 아멘.

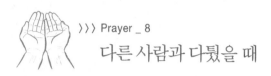
다른 사람과 다퉜을 때

화해자가 되시는 하나님!
좋은 관계를 가지고 지내다가 그만 다투고 말았습니다.
이런 모습이 좋은 관계를 이간질하고 관계를 깨뜨리려는
사탄의 전략임을 알게 하소서.

관계가 깨어진 원인이 무엇인지 발견해서
서로 대화하며 나누게 하시고
제게 교만한 모습이 없었는지 돌아보게 하소서.
먼저 남에게 상처를 주었고
기분 상하게 한 일이 있다면 회개하게 하시고
속히 좋은 관계가 되도록 도와주소서.

상대방의 마음을 잘 헤아리지 못한 채
제 중심에서 생각하며 화내지 않았는지,
또한 제 생각만 옳다고 하며
주장을 고집하지 않았는지 먼저 돌아보게 하소서.

너그럽게 이해하고 아량을 베풀며

양보할 수 있는 마음을 주시고

지금보다 넓은 마음으로 관계를 갖게 하소서.

화해자가 되시는 주님이 서로의 마음에 역사하셔서

하루 빨리 화해가 이루어지게 하소서.

다툼 속에 사탄이 들어가지 않도록

우리의 관계에 성령께서 친히 간섭해주소서.

예수님의 이름으로 기도드립니다. 아멘.

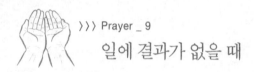

일에 결과가 없을 때

모든 것의 시작과 마지막이 되시는 하나님!
사람이 일을 계획하고 준비하지만
궁극적으로 이루시는 분은 하나님이심을 믿습니다.

하던 일에 뜻한 대로 결과가 맺히지 않아 많이 힘듭니다.
주님이 찾아오셔서 저를 위로하시고
다시 시작할 수 있는 힘을 주소서.
일의 결과에 매달리기보다는 과정에 충실하게 하시고
주어진 일에 충성하면
언젠가는 좋은 결과를 맺을 줄 믿게 하소서.

하나님이 저와 함께하심을 믿고
소망 중에 살아가게 하소서.
주위의 일이나 다른 사람의 일을 가지고
제 일을 평가하지 말게 하시고
제게만 특별하게 주어진 하나님의 일을 찾아

쉼 없이 그것을 위해 노력하게 하소서.

모든 결과는 하나님께 있음을 믿으면서
오늘 주어진 일에 감사하며
최선을 다하는 마음을 주소서.
모든 일을 사람 앞에서가 아니라
언제나 하나님 앞에서 하게 하소서.
예수님의 이름으로 기도드립니다. 아멘.

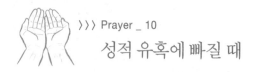

성적 유혹에 빠질 때

성을 창조하신 하나님!

남성과 여성을 주셔서 하나 되게 하신 주님을 찬양합니다.

기도하기는 하나님이 창조하신

아름다운 성의 창조를 배우게 하소서.

친구나 사람들에게서 성을 배우게 마시고

성경을 통하여 성을 배우게 하소서.

하나님이 주신 선물로서 성을 이해하게 하시고

아름다운 일에 성을 사용하게 하소서.

하오나 주님, 나도 모르게

잘못된 성에 마음을 빼앗길 때가 많습니다.

하나님이 원하시지 않는

성적인 생각과 행동을 할 때가 많습니다.

그때마다 아담과 하와를 만드신

하나님의 아름다운 창조의 원리를 생각나게 하시고

하나님을 슬퍼하게 하는 일을 하지 않게 하소서.

성에 대해서 참고 인내하는 마음을 주시고

하나님의 법도 안에서 성을 사용하게 하소서.

마음속에 일어나는 성적 욕망을

거룩한 하나님의 일에 대한 욕망으로 바꾸게 하소서.

보이는 것과 느끼는 감각으로 살게 마시고

영혼의 즐거움으로 살게 하소서.

성령을 따라 살면서

육체의 욕망을 절제할 수 있는 힘을 갖게 하소서.

육체로 살면 반드시 죽는 진리를 믿게 하시고

빨리 회개하여 잘못된 길에서 돌아서도록 힘을 주소서.

예수님의 이름으로 기도드립니다. 아멘.

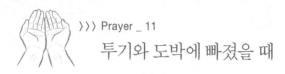

투기와 도박에 빠졌을 때

성실하고 진실하신 하나님!

주님의 자녀로 진리를 따라가는 삶을 살게 하심을 감사합니다.

그러나 나도 모르게 투기와 도박에 빠져 힘들어하고 있습니다.

간절히 기도하기는 투기와 도박은

하나님이 기뻐하시는 일이 아님을 알게 하시고

투기와 도박에서 벗어나도록 인도하소서.

먼저 생각과 마음을 고쳐주소서.

정직하게 돈을 벌게 하시고 땀 흘려 일하게 하소서.

성실한 삶이 가장 행복한 길임을 알게 하시고

수고 없이 쉽게 얻으려는 유혹을 이기게 하소서.

물질의 욕망에서 벗어나게 하시고

단번에 큰 기대를 하는 욕심을 제거해주소서.

탐욕은 또 하나의 우상임을 알게 하시고

정직하게 행하여 나의 삶을 이루게 하소서.

물질의 행복보다 마음의 행복이 더 큰 것임을 체험하게 하소서.

예수님의 이름으로 기도드립니다. 아멘.

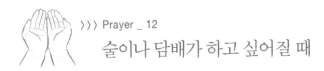

술이나 담배가 하고 싶어질 때

은혜로우신 주님!

저는 주님을 사랑한다고 말하면서도

아직도 술과 담배를 끊지 못하고 있습니다.

종종 생각날 때마다 숨어서 이런 일을 즐깁니다.

잘못된 습관에서 빨리 벗어나도록 도와주소서.

이전에 가졌던 습관에서 벗어나는 것이 왜 이리도 힘든지요.

나의 마음을 아시는 주님,

저에게 의지를 주시고 그것을 멀리 할 수 있는 마음을 주소서.

무엇보다도 술과 담배가 생각나지 않도록 마음을 지켜주소서.

교회 일에 적극 참여하고 주님의 일에 매진하는 열심을 주소서.

어느새 나도 모르게 그것이 싫어지게 하시고

성령의 능력으로, 더 좋은 즐거움으로 나의 삶을 채우게 하소서.

주님이 주신 거룩한 성전인 몸을 거룩하게 하시고 잘 가꾸게 하소서.

더는 주님이 주신 몸을 해롭게 말고

그 몸을 하나님의 영광을 위해 사용하게 하소서.

예수님의 이름으로 기도드립니다. 아멘.

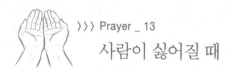

사람이 싫어질 때

사람을 창조하신 하나님!
갑자기 사람이 싫어졌습니다.
그것은 사람 때문에 실망해서 입니다.
사람 때문에 마음에 상처를 입어
더는 사람을 만나고 싶지 않습니다.
오늘 아픈 나의 마음을 싸매주소서.
사람으로 인한 나의 상처를
주님을 만남으로 위로받게 하소서.

사람이 싫어질 때는
곧 하나님을 가까이하는 기회임을 알게 하시고
홀로 있는 시간을 비탄과 슬픔에 잠기지 말고
주님 앞에 한걸음 나아가는 순간이 되게 하소서.

그동안 주님을 잊어버리고
사람에게 너무 매달려 살아왔던 것을 용서하시고

주님과 가까이 하는 시간을 많이 갖게 하소서.
사람은 나를 배반하고 떠나지만
주님은 나를 절대 떠나지 않고
신실하게 사랑하시는 분임을
이런 기회에 분명히 깨닫게 하소서.

그리하여 더 성숙한 사람으로 성장하여
원수까지도 사랑하는 사람이 되게 하소서.
예수님의 이름으로 기도드립니다. 아멘.

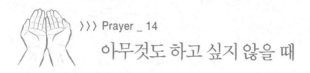

아무것도 하고 싶지 않을 때

인생의 주관자가 되시는 주님!

살아가는 것이 너무 힘들어 아무것도 하고 싶지 않습니다.

그래서 이렇게 주님께 기도합니다.

나의 마음을 받아주소서.

나의 마음과 생각을 아시는 주님,

모든 것이 싫어질 때 그래도 주님이 계심을 감사합니다.

이런 순간을 너무 슬퍼하지 않게 하시고

오히려 하나님과 함께하고

하나님을 신뢰하는 시간이 되게 하소서.

그동안 하나님을 떠나 사람을 너무 가까이했던 것을 용서하시고

이런 일을 통하여 주님께 돌아온 것을 감사하는 마음을 주소서.

드디어 내가 할 수 없고, 하고 싶지 않은 상태에 이른 것은

모든 것을 주님께 맡기는 기회가 됨을 알게 하시고

오직 주님만을 바라보게 하소서.

주님, 나의 인생길을 인도해주소서.

예수님의 이름으로 기도드립니다. 아멘.

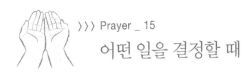

어떤 일을 결정할 때

선악을 분별하시는 주님!

제게 닥친 이 일을 분별할 수 있는 힘을 주소서.

지금 선택의 기로에 놓여 있습니다.

제 생각으로는 무엇이 올바른지 알 수 없사오니 지혜를 주셔서

저의 뜻이 아니라 하나님의 뜻대로 하도록 인도하시고

그것을 결정할 수 있는 힘을 주소서.

모든 것을 하나님의 생각과 마음으로

결정하게 하시고 주님을 위해 하게 하소서.

성령의 도우심으로 이 일에 관한 말씀이 생각나게 하시고

그 말씀이 지침이 되어 방향과 길을 정하게 하소서.

사람의 말이나 세상의 유행을 따라 결정하지 않게 하시고

주님의 음성을 듣고 결정하게 하소서.

당장의 이익보다는 하나님의 약속의 미래를 바라보면서

오늘의 일을 선택하게 하소서.

또한 일을 결정하고 나서는 전적으로 주님께 맡기는 마음을 주소서.

예수님의 이름으로 기도드립니다. 아멘.

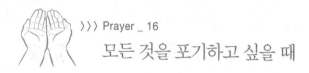

모든 것을 포기하고 싶을 때

나를 끝까지 사랑하시는 주님!

너무 힘들어 이제는 모든 것을 모두 포기하고 싶습니다.

주님, 도와주소서.

어떻게 해야 할지 모르겠습니다.

막다른 골목에 이르러 이제 더는

무엇을 어떻게 해야 할지 모르겠습니다.

절망과 포기와 실의에 빠져 있는 저를 불쌍히 여기소서.

주님, 기도하오니 저에게 어려움을

이길 수 있는 지혜를 주소서.

막다른 골목에서 주님의 음성을 듣게 하소서.

모든 것을 포기할 때가

곧 모든 것을 얻는 새로운 시간임을 알게 하소서.

세상의 모든 것을 버릴 때만이

주님을 얻을 수 있음을 믿게 하소서.

지금의 어려움이 오히려

하나님을 인격적으로 만나는 시간임을 알게 하시고

주님을 찾는 힘을 주소서.

사람의 소리가 멀어질 때

주님의 음성이 들리게 하시고

사람이 나를 버릴 때

주님이 나를 찾는 모습을 그리게 하소서.

일곱 번 넘어져도 다시 일어서는 용기를 주시고

끝까지 포기하지 않고

주님을 바라보면서 소망을 갖게 하소서.

예수님의 이름으로 기도드립니다. 아멘.

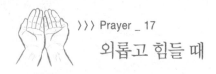

외롭고 힘들 때

늘 나와 함께하시는 주님!
주님이 있음으로 감사합니다.
그러나 저는 지금 많이 외롭습니다.
고독하고 슬픕니다.
혼자 일어서는 것이 쉽지 않습니다.
연약해져 있는 제 자신이 싫습니다.

하오나 이 시간 주님 앞에 나오게 하심을 감사합니다.
힘들 때 주님 앞에 나올 수 있는 것에 감사합니다.
외로울 때 주님의 소중함을 더 느끼게 하시고
이런 시간이 주님과 친밀해지는 기회가 되게 하소서.

혼자라는 생각에 슬퍼하지 않게 하시고
이 시간에 나와 동행하시는
주님의 손길을 느끼게 하소서.
주님은 어디서도 나를 기억하시고

지금의 내 삶에도 관여하고 계심을 믿게 하소서.

주님이 나를 위해 기도하고 있음을 알게 하시고
주님과 대화의 시간을 갖도록 나를 도와주소서.
정직한 영을 새롭게 하시고
죄악 된 마음에 회개의 영을 허락하소서.
하나님의 역사를 볼 수 있도록
나의 영적인 귀와 눈을 열어주소서.
예수님의 이름으로 기도드립니다. 아멘.

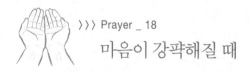

마음이 강퍅해질 때

좋으신 하나님!
점점 마음이 강퍅해져가는 저를 용서하소서.

그렇게 하지 말아야 한다고 생각하지만
자꾸만 나의 마음이 굳어지고
강퍅해져감을 느낄 수 있습니다.
주께서 부드러운 마음으로 바꾸어주소서.

성령이 주시는 마음은 부드러운 마음인 줄 믿습니다.
사탄의 유혹에 빠져 강퍅하게 됨을 면하게 하시고
주의 음성을 들으면서 마음이 새롭게 변하게 하소서.

내 중심으로 모든 것을 바라보게 마시고
주님의 생각으로 모든 것을 바라보게 하소서.
마음이 강퍅한 것은 남에게 있는 것이 아니라
나에게 있는 것임을 알게 하시고

주님의 성품으로 나를 변화시켜 주소서.
성령의 열매로 나를 가꾸어주시고
그리스도의 마음을 닮게 하소서.

미워하기보다는 사랑하고 질투하기보다는 존경하고
원망하기보다는 이해하게 하소서.
예수님의 이름으로 기도드립니다. 아멘.

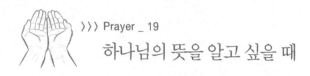

하나님의 뜻을 알고 싶을 때

사랑의 주님!

주님은 선하시고 좋으신 분임을 믿습니다.

그러나 지금 저는 어떻게 하면 좋을지 모르겠습니다.

어떻게 하는 것이

주님이 원하시는 길인지 알 수 없습니다.

그래서 괴롭습니다. 혼란스럽습니다.

어떻게 하면 좋을지 모르겠습니다.

주님, 저에게 주님의 뜻을 보여주소서.

환경을 통해서 주시든지

사람을 통해서 주시든지

말씀을 통해서 주시든지

주여, 저에게 말씀하소서.

그러기 위해서 먼저 저를 새롭게 해주시기를 기도합니다.

나의 뜻대로 하지 마시고 주님의 뜻대로 하소서.

주님의 뜻이라고 확신이 되면
그것에 기꺼이 순종하는 마음을 주소서.

나의 마음이 순종의 마음이 안 되면
주님의 뜻이 보이지 않는 줄 믿사오니
먼저 순종하는 마음을 주소서.
주님이 보여주시면 "순종하겠습니다"라고 하기 전에
"순종하겠습니다" 하면서 주님의 뜻을 보게 하소서.

이미 나의 마음을 알고 계시는 주님,
제가 무엇을 할지 알고 계시는 주님 앞에
더는 자신을 속이는 일이 없도록 도와주소서.
예수님의 이름으로 기도드립니다. 아멘.

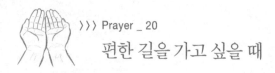

편한 길을 가고 싶을 때

나의 인생길을 인도하시는 주님!

두 가지 길에서 좁은 길보다는 넓은 길로 가고 싶습니다.

주님이 가셨던 십자가의 길은 좁은 길이었습니다.

나를 따라 오려거든 자기를 부인하고

자기 십자가를 지고 주님을 좇으라고 했습니다.

하오나 점점 주님의 길보다는

세상의 길로 가는 저를 용서하소서.

진리의 길은 좁은 길이요

약속을 이루는 길은 빠른 길이 아님을 알게 하시고

믿음의 선배들이 가셨던 믿음의 길을 통해 힘을 얻게 하소서.

편하고 싶어지는 게으름과 악함을 용서하소서.

성령의 능력으로만 갈 수 있는 길임을 알게 하시고

더욱더 주님을 의뢰하게 하소서.

예수님의 이름으로 기도드립니다. 아멘.

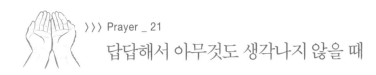
답답해서 아무것도 생각나지 않을 때

평강의 주님!

저는 지금 너무 답답해서 아무것도 생각나지 않습니다.

하고자 하는 일이 잘 풀리지 않고

계속 어려움을 당하고 있는 이유를 모르겠습니다.

너무 지치고 힘들어

아무 생각도 나지 않고 삶의 의욕을 잃었습니다.

주님, 저에게 자비를 베풀어주소서.

다시 일어서고 앞길이 보이는 은혜를 주소서.

총명을 주시고 넓은 마음을 주시고

모든 것을 주님께 맡기는 믿음을 주소서.

내 생각대로 생각하지 말고

주님의 생각대로 생각하는 습관을 갖게 하소서.

조용히 주님의 음성에 귀를 기울이고

주님의 선하시고 온전한 뜻이 무엇인지를 찾게 하소서.

그리하여 나의 길을 보여주시고 빛으로 나의 미래를 인도해주소서.

예수님의 이름으로 기도드립니다. 아멘.

—

사회생활에서
성공하기 위한 기도문

삶의 목표가 흔들릴 때 | 인생의 목적을 찾고 싶을 때

인생의 꿈을 갖고 이루고 싶을 때

맡은 일을 잘 감당하고 싶을 때 | 예수님의 리더십을 갖고 싶을 때

인간관계를 잘하고 싶을 때 | 어디서든지 신실하고 싶을 때

삶의 열정을 다시 회복하고 싶을 때 | 당장의 결과에 이끌릴 때

미래에 대한 준비가 필요할 때 | 죽음을 준비해야 할 때

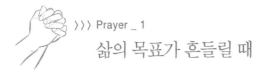
은혜가 크신 주님!

나도 모르게 삶의 목표가 흔들립니다.

분명하게 인생의 방향을 하나님께 두었음에도

어려운 환경에서 방향과 목표를 잃었습니다.

새롭게 회복해주시고 분명한 목표를 다시 확립하게 하소서.

내가 목표를 이루려고 하지 말고

모든 것을 주님께 맡기고

주님의 능력으로 그 목표를 이루게 하소서.

내가 정한 목표가 하나님의 뜻에 맞는지

다시 한번 점검하게 하시고

먼저 주님의 마음을 허락하시어

그것에 대한 확신을 갖게 하소서.

그리고 다시 그 목표를 향하여 도전할 수 있는 능력을 주소서.

주의 말씀에 이끌려가게 하시고

목표와 말씀이 합하는 은혜를 주소서.

예수님의 이름으로 기도드립니다. 아멘.

인생의 목적을 찾고 싶을 때

우리의 푯대가 되시는 주님!

인생의 여정에서 분명한 방향과 목적을 갖도록 하소서.

세상의 목적을 갖지 말고 하나님의 목적을 갖게 하소서.

자기의 욕망의 목적에 이끌리지 말고

하나님의 부르신 뜻에 순종하게 하소서.

세상의 유혹과 유행에 인생의 목적이 흔들리지 말고

하나님이 기뻐하시는 일의 확신을 가지고

끝까지 달려가게 하소서.

어떤 경우에도 인생의 목적을

예수 그리스도 이외 다른 것에 두지 않게 하소서.

오직 나를 구원하시고

끝까지 책임지는 예수님에게 두게 하소서.

내가 정한 세속적인 영광과 부귀에 목적을 두지 말고

오직 하나님의 영광을 구하는 일이

인생의 목적이 되게 하소서.

아직까지도 푯대를 그리스도로 정하지 않았다면
지금이라도 인생의 푯대를 그리스도로 정하게 하시고
하나님이 원하시는 일을 위해 살게 하소서.

나의 의를 이루는 것이 아닌
하나님의 의를 이루는 것이 되게 하시고
나의 이름이 아닌 하나님의 이름이 나타나는 삶이 되게 하소서.
나는 쇠하여야 하겠고 그는 흥해야 하리라는
세례 요한의 고백처럼
나를 통하여 주님의 이름만 존귀하게 되는 데
인생의 초점을 두게 하소서.
이런 목적 때문에 고난과 어려움이 닥칠지라도
기꺼이 감사와 은혜로 받아들이면서
주님이 부르신 부름의 상을 좇아가게 하소서.

우리를 위하여, 죽으시기 위하여 오신 주님을 본받아
세상을 그리스도의 사랑으로 섬기는 일이
유일한 목적이 되게 하소서.
예수님의 이름으로 기도드립니다. 아멘.

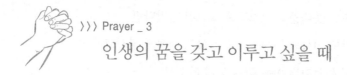

>>> Prayer _ 3
인생의 꿈을 갖고 이루고 싶을 때

새로운 꿈을 주신 하나님!

마음에 소원을 두고 그것을 이루게 하시는

하나님을 믿게 하심을 감사드립니다.

하나님을 믿으면서 꿈을 갖게 되었으며

예수님을 만나면서 꿈이 달라졌음을 찬양합니다.

하나님이 주신 비전을 가슴에 품고

그것을 끊임없이 열망하고 비전을 이루기 위해 기도하며

수고하는 사람이 되게 하소서.

내가 만들어낸 비전이 아닌 하나님이 주신 비전임을 확신하며

그것을 이루기까지 하나님은 나를 떠나지 않음을 믿게 하소서.

간절히 기도하옵기는 하나님의 비전을 통하여

하늘의 뜻이 땅에서도 그대로 이루어지게 하시고

목표가 없는 사람이 목표를 갖게 하소서.

하나님이 주신 비전을 찾게 하시고

그것을 통하여 하나님의 영광을 높이게 하소서.

힘들고 연약해질 때마다 하나님이 주신 비전을 부여잡고
그것을 향해 달려가게 하소서.

제가 꿈꾸는 비전이 세상에서 끝나는 일시적인 비전이 아닌
영원한 하나님의 나라로 이어지는
약속을 이루는 비전이 되게 하시고
하늘나라에 가서도 그것을 바라보며
기뻐하는 비전이 되게 하소서.
하나님의 비전을 통하여 점점 더 하나님의 형상을 닮게 하시고
하나님의 비전을 품으면서
하나님 나라를 세우는 일에
더 헌신하는 사람이 되게 하소서.

시간이 가면서 하나님의 비전이 더 구체화되게 하시고
흔들리지 않는 비전,
하나님의 꿈을 이루는 비전으로 다가서게 하소서.
예수님의 이름으로 기도드립니다. 아멘.

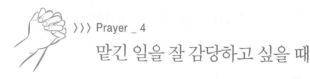

맡긴 일을 잘 감당하고 싶을 때

세상을 창조하신 하나님!

인간을 만드셔서 생육하고 번성하여

땅에 충만하고 세상을 다스리라고 복된 명령을 하신

하나님의 사랑에 감사드립니다.

세상에 지배당하지 않고 세상을 지배하며 관리하는

청지기로 삼아주신 하나님께 영광을 올립니다.

직장을 통하여 일하게 하심을 감사드립니다.

건강을 통하여 일하게 하심을 감사드립니다.

일하고 싶어도 일자리가 없고

일하고 싶어도 건강이 없고

일하고 싶어도 의욕이 없어서

일을 감당하지 못하는 사람이 있는데

저에게 좋은 일을 허락하시어

그것에 감사하면서 살아갈 수 있다는 것은

하나님의 특별한 은혜입니다.

주신 일에 감사하며

그것에 충성을 다하는 제가 되게 하소서.

일을 통하여 하나님을 즐겁게 해드리고

일을 통하여 선한 일을 하도록 인도해주소서.

일을 하면서 어렵고 힘들 때는

인간의 죄 때문에 생긴 결과임을 생각하며

하나님을 더욱 의지하게 하시고

일을 통하여 즐거움과 만족과 성취감이 생길 때는

인간의 힘으로 된 것이 아님을 생각하며 교만하지 않게 하시며

그 일을 통하여 하나님을 즐거워하게 하시고

하나님을 위하여 더욱더 열심히 일하는 충성심을 허락하소서.

일을 통하여 좋은 결과를 얻게 하시고

땀을 흘린 만큼, 수고로이 일한 만큼의 보상을 얻게 하시며

하나님의 은혜로 생각 이상의 복을 허락해주소서.

그럼으로 인해 인간이 일하지만

모든 것이 하나님의 손안에서 역사하심을 체험하게 하소서.

일하면서도 안식을 기억하여

하나님 안에서 쉼의 은혜를 주소서.

자칫 일의 노예가 되기 쉬운데

그것에서 해방될 수 있는 자유로움도 주소서.

예수님의 이름으로 기도드립니다. 아멘.

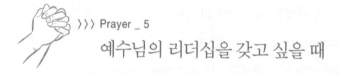

예수님의 리더십을 갖고 싶을 때

우리의 지도자가 되시는 주님!
우리의 왕 되신 주님을 찬양합니다.
사랑하는 사람에게 주님 닮은 모습을 보여주게 하소서.
친히 섬김의 본을 보이시면서
우리의 모든 것을 위해 자신을 희생하신 주님을 바라보면서
예수님을 닮은 지도자를 꿈꾸게 하소서.

세상의 모양대로 살지 않게 하시고
오직 주님이 보여주셨던 지도력을 바라보게 하소서.
남을 지배하기보다는
섬기면서 으뜸이 되는 법을 배우게 하시고
남을 낮추기보다는 높이면서
높아지는 길을 보여주소서.
다른 사람에게 섬김을 받으려는 즐거움을 품기보다는
다른 사람을 섬기고 그들이 즐거워하는 것을 보고
즐거워하는 지도력을 갖게 하소서.

하나님을 주인으로 섬기는 겸손한 마음을 갖게 하시고
하나님으로부터 나오는 권위로 세상을 리드하게 하소서.
좋은 리더의 성품을 주시고
그것들을 계속해서 훈련하는 열심을 주소서.

사랑과 희락과 화평과 온유와 절제와 충성과 자비와
양선과 오래 참음의 성령의 열매들을
생활 속에서 맺게 하소서.
외적인 화려함이나 재물과 권세와 명예로 지도하는 것이 아닌
겸손과 사랑과 평화로 많은 사람을 인도하는
지도자로 삼아주소서.

세상에 끌려 다니는 지도력이 아닌
세상을 변화시키고
그리스도의 마음으로 변혁시키는 리더십을 주소서.
예수님의 이름으로 기도드립니다. 아멘.

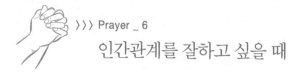

인간관계를 잘하고 싶을 때

우리에게 하나님의 형상을 허락하신 하나님!
우리에게 거룩한 하나님의 성품을 주신
하나님께 감사와 찬양을 드립니다.
부족한 인간들을 거룩하신 하나님의 형상으로 창조하여
감히 가질 수 없는 하나님의 것을 공유하게 하심을 감사드립니다.
입으로 주님을 고백하면서
드디어 하나님과 아버지와 자녀 관계가 된 것은
아무리 생각해도 감사할 뿐입니다.

하나님과의 관계처럼 이웃과의 관계도 좋아지기를 기도합니다.
사람들과 만나는 다양한 관계에서
그리스도인으로서의 모습을 지니게 하시고
그들에게 빛과 소금이 되는 모습을 나타내게 하소서.

관계가 곧 신앙임을 믿고
하나님과 이웃과 세상과 관계를 잘 갖게 하소서.

혹시 사람과의 잘못된 관계가 있으면
회개의 영을 주시어 먼저 가서 화해하고
좋은 관계를 유지하여 죄가 틈타지 못하게 하소서.

하나님을 사랑하는 것처럼 이웃을 내 몸처럼 사랑하고
하나님을 대하듯 이웃을 대하게 하소서.
사랑하는 사람과의 관계를 말씀과 기도로 거룩하게 하시고
하나님의 능력으로 점차 다른 사람들이 부러워하는
깊은 신뢰의 관계로 이끌어주소서.

가정과 이웃과 교회와의 관계가 원만하게 하시고
관계 회복을 위한 선한 도구가 되게 하소서.
다른 사람과의 관계를 파괴하는 사람이 되기보다는
깨어진 관계를 회복하는 사람이 되게 하소서.

일시적인 감정의 인간관계가 되기보다는
영원히 변하지 않는 약속으로 맺어진 관계가 되게 하소서.
예수님의 이름으로 기도드립니다. 아멘.

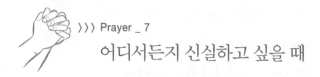

어디서든지 신실하고 싶을 때

신실하신 하나님!

우리에 대해서 그토록 신실함을 보여주셨던

주님을 본받게 하소서.

우리는 본래 죄악 된 출생이라 신실할 수 없었고

신실함을 유지하려 해도 그것은 불가능한 것이었습니다.

그럼에도 때때로 신실함을 위장했던 것을 용서하소서.

지금부터는 철저한 죄악 된 우리의 모습을 인정하고

인간적인 신실함을 기대하기보다는

오직 주님의 신실함을 배워

주님의 신실함을 내 안에 가득 채우게 하소서.

주님이 우리를 대한 것같이 우리가 다른 사람을 대하게 하시고

주님이 우리를 향해 변하지 않는 마음을 품었던 것처럼

우리도 주님을 향해 변하지 않는 마음을 품고 충성하게 하소서.

한 번 약속을 정하고 우리와 언약을 맺는 그것에

십자가에 죽음으로써 약속을 충실히 지키셨듯이
우리도 주님을 향해 주님이 주신 약속을 지키며 순종하게 하소서.
서로의 사이를 주님의 신실함으로 채워가게 하시고
서로의 사이가 신실한 관계로 사랑을 세우게 하소서.

주님의 말씀 속에서 날마다 신실함을 배우게 하시고
한 번도 나를 버리지 않고 책임져주시는
주님의 신실하심을 믿고
우리가 만나는 상대방에 대해서 신실함을 갖게 하소서.
하나님에게 배운 신실함으로
만나는 모든 사람에게도 주님의 신실함을 실천하게 하소서.
예수님의 이름으로 기도드립니다. 아멘.

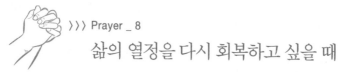

삶의 열정을 다시 회복하고 싶을 때

불 같은 성령 하나님!
세상의 여러 가지 힘든 일 때문에
나도 모르게 마음과 열정이 식을 때가 많습니다.
이럴 때마다 하나님의 열정으로
다시 새롭게 일어나도록 도와주소서.
한평생 살아가는 삶이 하나님이 주신 선물임을 알게 하시고
주어진 생을 마른 나무가 완전히 타 버리듯이
나의 인생을 그렇게 바치게 하소서.

기도하옵기는 쓸모없는 세상에 열정을 내지 말고
영원한 하나님을 향하여 열정을 품게 하소서.
잠시 있다 사라지는 안개와 같은 인생을 위해 삶을 불태우지 말고
영원히 함께하는 하나님의 일에 인생을 바치게 하소서.
미지근한 삶을 살지 않고
열정을 가지고 온전히 주님께 헌신하는 사람이 되게 하소서.
사랑을 하되 열정을 가지고 사랑하게 하시고

상대방을 뜨겁게 사랑하게 하소서.
주님의 마음을 가지고 사랑하게 하시고
인간의 정욕적인 사랑에 빠지지 않게 하소서.

바울이 주님을 사랑하는 것처럼
우리에게도 주님을 사랑하되 미지근한 사랑이 아닌
불붙는 것 같아 견딜 수 없는 뜨거운 사랑을 하게 하소서.
세상적인, 욕심적인 열정을 배우기보다는
성경에 나오는 하나님의 사람들의 열정을 배우게 하소서.
오직 하나님만을 사랑하라고 외쳤던
선지자들의 열정을 품게 하시고
남은 생애를 아낌없이 바치면서
오직 그리스도만 전하다가 죽어간 사도들의
열정을 배우게 하소서.

나의 의지적인 열정이 되지 않게 하시고
하나님이 주신 열정으로
사랑하는 사람을 위해 몸 바쳐 헌신하게 하소서.
예수님의 이름으로 기도드립니다. 아멘.

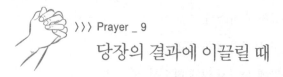

>>> Prayer _ 9
당장의 결과에 이끌릴 때

역사를 통치하시는 하나님!
저도 모르게 눈에 보이는 결과에
이끌리게 됨을 용서하소서.

하나님의 역사는 눈에 보이는 것보다
눈에 보이지 않게 나타나는 것이 많음을 알게 하시고
눈에 보이는 이세벨의 핍박을 두려워하기보다는
하나님의 숨겨놓은
칠천 명의 경건한 사람들을 보게 하소서.

사람의 평가보다는 하나님의 평가에
더 관심을 기울이게 하소서.
눈앞의 이득만을 위해 달려가는 어리석음에서
먼 미래를 품고 영원한 약속을 쫓아가게 하소서.

비록 세상에서 인정을 받지 못한다 해도

하나님 앞에서 행한 일이면
절대 헛되지 않음을 믿게 하소서.

결과와 상관없이
하루의 삶에 최선을 다하게 하시고
하나님이 기억하시면
그것으로 만족하는 삶을 허락해주소서.
예수님의 이름으로 기도드립니다. 아멘.

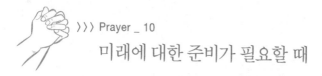

미래에 대한 준비가 필요할 때

인생의 주인이 되시는 주님!
모든 것이 그저 이루어지지 않음을 믿습니다.
나의 인생에서 준비해야 할 것을 먼저 알게 하시고
지름길보다는 정상적인 과정을 거쳐서 가게 하소서.
매일의 삶에서 하나님의 인도하심을 받게 하시고
하루에 충실하면서 미래를 준비하는 마음을 주소서.

주님은 30년을 준비하고
3년의 공생애를 감당하셨습니다.
많은 준비를 통하여
비록 작더라도 아름다운 일을 이루게 하소서.

준비의 시간을 통하여
나의 인격을 다듬어가는 과정이 되게 하시고
많은 일을 하기보다는
나의 변화에 더 초점을 맞추게 하소서.

변화된 삶과 인격으로 주의 일을 감당하게 하소서.

준비하는 기간을 지루하다고 생각하지 않게 하시고
주님을 신뢰하면서 어떤 경우에도 변하지 않는
튼튼한 믿음을 주소서.
주님의 준비 기간을 잘 감당하여
하나님의 때에 거룩한 그릇으로 쓰임받게 하소서.
예수님의 이름으로 기도드립니다. 아멘.

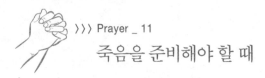

죽음을 준비해야 할 때

나의 생명의 근원이 되시는 하나님!
인생은 유한하고 안개와 같습니다.
언제나 바람처럼 사라지는 것인 인생임을 알게 하시고
하나님만을 경외하면서
그분의 이름을 드러내는 삶을 살게 하소서.

언젠가는 나도 주님의 부름에 따라야 하는
삶인 것을 알게 하시고
오늘이 마지막이라는 생각으로 하루를 살게 하소서.
오늘 일을 내일로 미루지 않게 하시고
해야 할 일은 그날에 마치게 하소서.

내일은 하나님이 허락하실 때 존재함을 알게 하시고
그날 주신 하루를 감사하면서 최선을 다하게 하소서.
구원받은 사실을 늘 확신하면서 기쁨으로 살게 하시고
우리가 가야 할 곳은 천국임을 늘 기억하게 하소서.

죽음이 닥칠 때 두려워하지 않게 하시고
주님의 품안에서 잠을 자듯이 인생을 마치게 하소서.

죽음은 인생의 마지막이 아닌
천국으로 들어가는 출입문과 같은 것임을 깨닫게 하시고
어떤 죽음을 맞이하더라도
슬퍼하거나 노여워하지 않게 하소서.
주님 안에서 죽는 자는 복이 있다고 했으니
잠을 자는 것처럼 행복한 죽음을 맞이하게 하소서.

늘 죽음을 준비하게 하시고
천국에서 주님을 만날 때
거룩한 모습으로 대하게 하소서.
예수님의 이름으로 기도드립니다. 아멘.

교회와 일상생활의
성숙을 위한 기도문

기도를 통해 우리는 하나님의 생기를 받아
죽은 영혼이 살아나고 다시 소생하는 것을
경험한다. 기도한다는 것은
무조건 받아주시는 하나님의
큰 사랑을 바라보면서 나아가는 것이다.

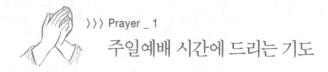

주일예배 시간에 드리는 기도

사랑과 은혜의 하나님!

오늘도 예배 가운데 임재하신 하나님을 찬양합니다.

하나님을 사랑하는 주의 성도들이 모여 찬양과 경배를 드립니다.

하나님 앞에 신령과 진정으로 드리는 은혜의 예배가 되게 하시고

오직 주님만 높이며 신실하신 주님을 노래합니다.

오늘 우리에게 좋은 날씨와 건강을 주시고

또 좋은 교회를 주셔서

온 성도가 함께 모여 예배하게 하심을 감사드립니다.

주님을 사랑하는 이 예배를 주님께서 즐겁게 받아주시고

모두가 함께 은혜받는 예배가 되게 하소서.

한 주간 동안 지은 죄를 생각하며 이 시간 고백합니다.

하나님의 자녀답게 살지 못하고

하나님의 백성으로서 세상에서

소금의 역할을 감당하지 못한 죄를 용서하소서.

하나님 되심을 알면서도 실제로 욕심과 게으름으로 인해
말씀을 실천하지 못한 것들을 고백합니다.
또한 이웃에게 상처를 준 죄들을 자백하오니
자비를 베풀어주소서.

간절히 기도하옵기는 우리 교회를 사랑하시어
성령 충만한 교회가 되게 하소서.
모든 성도가 세상 속에서 주님의 이름만을 드러내게 하시고
하나님의 백성임을 확신하며 세상에 지배당하지 않게 하소서.
고난에 처한 성도들을 위로하시고
지친 영혼들에게 성령의 힘을 부어주소서.

오늘 선포되는 목사님의 말씀에 집중하여
하나님의 음성을 모두 듣게 하시고
들은 말씀대로 살게 하소서.
세상 속에서 복음을 유통하는 주님의 자녀로 살게 하소서.
예수님의 이름으로 기도드립니다. 아멘.

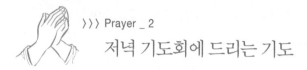

>>> Prayer _ 2
# 저녁 기도회에 드리는 기도

우리의 기도를 들어주시는 하나님!
날마다 우리에게 은혜를 베풀어주시는
사랑의 주님을 찬양합니다.
우리의 모든 생활을 다 살피시고
보호해주시는 은혜의 하나님을 진심으로 경배합니다.

오늘 이렇게 저녁기도회로 모이게 하심을 감사드립니다.
한 주간의 삶 속에서 주님을 기억하여
몸 된 교회에 모여 주님을 찬양하게 하심을 감사합니다.
생각해보면 모든 것이 은혜이자 하나님의 인도하심입니다.
서로 사랑하며 주님을 알아갈 수 있는
아름다운 교회 공동체를 주심을 감사합니다.

하나님을 알면서도 영화롭게 하지 못하고
인간의 욕심을 구했던 죄를 용서해주소서.
작은 고난 속에서도 믿음으로 이기지 못하고 원망하고 불평하며 믿음 없는 삶을 살았던 우리를 불쌍히 여겨주소서.

이 시간도 교회와 가정을 위해 간절히 기도합니다.
말씀 충만한 교회가 되게 하시고
사람의 생각보다
하나님의 나라를 구하는 교회가 되게 하소서.
성도 간에 사랑하고 우애하며
서로 복종하고 감사하는 교회가 되게 하소서.
가정을 건강하게 하시어 죄악에 빠지지 말게 하시고
쉬지 말고 기도하는 교회와 가정이 되게 하소서.

복음 안에서 기뻐하며
서로 격려하는 교회와 성도가 되게 하시고
날마다 믿음의 진보가 있게 하소서.
오늘 이 기도회가
성령 충만함을 받는 은혜의 시간이 되게 하소서.
예수님의 이름으로 기도드립니다. 아멘.

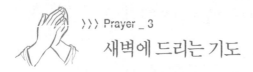

새벽에 드리는 기도

주님, 주님은 나의 왕이십니다.

나의 말에 귀를 기울여 주십시오.

이 하소연을 살펴주십시오.

이 탄식 소리를 귀담아 들어주십시오.

내가 주님께 기도를 드리니

주님, 새벽에 드리는 나의 기도를 들어주십시오.

새벽에 내가 주님께 사정을 아뢸 준비를 하고

간절히 기다리겠습니다.

주님, 오늘도 나의 어려운 일을 이렇게 하소연합니다.

이런 나의 말에 귀 기울여주심을 믿습니다.

저의 탄식할 수밖에 없는 기막힌 사정을

다른 사람은 몰라도 주님은 다 아시는 줄 믿습니다.

나의 왕이 되신 주님,

오늘 이 사정을 이렇게 진실되게 아뢸 수 있고

저의 기도를 들어주신 주님을 믿는 것만으로도
오늘 저는 감사할 뿐입니다.
오늘도 조용한 이 새벽에 기도를 드립니다
모두가 잠든 이 시간, 이 아침에 먼저
주님과 시간을 갖게 하심을 감사합니다.
오늘도 주님이 하루의 길을 가르쳐주시고
해야 할 일의 지침을 내려주소서.
먼저 주님이 말씀하시면 제가 그것에 응답하겠습니다.

주여, 말씀하소서.
제가 어떻게 해야 하는지
묵묵히 주님의 음성을 기다리겠습니다.
주여, 이 새벽에 말씀하소서.
언제나 선한 길로 인도하시는 주님,
제가 가야 할 길을 가르쳐주소서.
오늘도 선한 목자이신 주님만 따르게 하소서.
예수님의 이름으로 기도드립니다. 아멘.

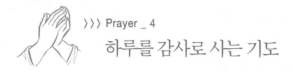

하루를 감사로 사는 기도

기쁨의 주님!

나의 삶에 절대적인 하나님을 믿을 수 있다는 것을

생각만 해도 감사합니다.

아무리 세상이 화려하고 보기 좋아도

조금 지나면 모두 변하고 사라집니다.

하지만 주님은 변하지 않고 끝까지 저를 사랑하십니다.

주님은 나의 모든 것을 아시고 필요한 것을 채워주시는 분입니다.

주님은 저의 행동에 대해서 옳고 그름을 판단하시는 분이십니다.

모든 것을 주님이 변호해주심을 믿고

어떤 경우에도 옳게 행동하게 하소서.

고난 가운데서 부르짖는 저의 기도에 응답하시는 주님,

곤궁에 빠질 때마다 우리의 죄악대로 처치하지 마시고

주의 자비하심으로 저를 너그럽게 보아주소서.

주님을 사랑하며 행하는 사람은 주님이 책임져주심을 믿습니다.

이 믿음으로 주의 일을 잘 감당하게 하소서.

언제나 사람보다는 주님에 대해 두려워하게 하소서.

그렇게 될 때 죄를 짓지 않게 됨을 믿습니다.

악을 행하고자 할 때마다 주님의 얼굴이 떠오르게 하시고

죄를 미워하시는 주님의 모습을 선명하게 보여주소서.

주님, 제가 "지금보다도 더 큰 복을 내려주소서.

저에게 주의 얼굴을 어서 보여주소서"라고 기도하기보다

"이미 제 안에 오신 주님을 찬양합니다.

주님이 십자가를 통하여 이미 다 물려주신

하늘의 복을 나에게 안겨주심을 감사합니다"라고 기도하게 하소서.

이미 저에게 주신 기쁨이 세상의 큰 물질로 얻는 즐거움보다

더 큰 것임을 알게 하시고 그것을 무한히 감사하며 살게 하소서.

오늘 하루도 제가 잘못 행한 죄악이 있으면 용서하시고

그것에 대해 눈물 흘리는 애통의 심정을 주소서.

그 죄악을 이제는 다시 행하지 않도록 하시고

혹시 나의 죄악 된 행동으로

마음 상한 사람이 있으면 그를 위로하소서.

오늘도 편안히 눕고 잠드는 것은 내 힘으로 된 것이 아니라

모두 다 주님의 은혜임을 감사하게 하소서.

예수님의 이름으로 기도드립니다. 아멘.

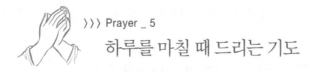

하루를 마칠 때 드리는 기도

은혜와 평강의 주님!
오늘 하루를 무사하게 지켜주심을 감사합니다.
이 밤도 주님의 품 안에서 평안히 눕게 하시고
걱정과 근심 때문에 잠 못 이루지 않도록 도우소서.
모든 것을 주님께 맡기고 편안히 잠자리에 들게 하소서.
주님이 지켜주시는 한에서
어느 누구도 나를 해치지 못함을 믿습니다.

주님, 잠자는 동안에 나의 영혼을 지켜주소서.
그리고 내일 아침 건강한 몸으로 일어나게 하소서.
저로 하여금 하나님을 경외하는 마음을 갖게 하시고
그리하여 그 힘으로 죄를 짓지 말게 하소서.
잠자리에 누워 깊게 반성하면서
눈물을 흘리며 회개하게 하소서.

주님 안에서 평안한 잠을 자게 하소서.

내가 편히 눕거나 잠드는 것도

주께서 나를 평안히 쉬게 하여주시기 때문임을 믿습니다.

내가 누워 곤히 잠들어도 또다시 깨어나게 되는 것은

주께서 나를 붙들어주시기 때문임을 믿습니다.

나를 대적하여 사방에 진을 치는 자들이

천만대군이라 하여도

나는 그들을 두려워하지 않겠습니다.

왜냐하면 구원은 주께만 있음을 믿기 때문입니다.

주님을 사랑하는 백성에게 복을 내려주실 줄 믿습니다.

주님을 가까이 하는 자에게 주님은 동행해주심을 믿습니다.

예수님의 이름으로 기도드립니다. 아멘.

일터로 나가기 전에 드리는 기도

선하신 주님, 오늘도 주님이 주신 말씀을 기억하고
묵상하며 하루를 시작합니다.
주께서는 죄악을 좋아하시는 분이 아닙니다.
죄악은 주님과 어울릴 수 없습니다.
교만한 자들 또한 감히 주님 앞에 나설 수 없습니다.
주께서는 악한 일을 저지르는 자들을 모두 미워하시고
거짓을 일삼는 자들을 멸망시키시며 피를 흘리는 것과
속이는 것을 좋아하는 자들을 매우 싫어하십니다.
그러므로 나는 주의 크신 은혜를 힘입어 주의 집으로 왔습니다.
경외하는 마음으로 주의 성전 바라보며 주께 엎드립니다.

주님, 나를 대적하는 원수를 보시고 주의 공의로 저를 인도하소서.
내 앞에 주의 길을 환히 열어주소서.
우리의 기도를 들으시는 주님은 선하신 하나님이십니다.
오늘도 저에게 하나님은 악을 미워하시고
악과는 조금도 어울릴 수 없는 선한 분임을 믿게 하소서.

그렇기에 악한 모습으로는 주님 앞에 설 수 없고

교만한 상태로는 주님의 얼굴을 바라 볼 수 없습니다.

주님, 나에게 있는 악한 모습을 먼저 제거하소서.

오늘 하루 생활 속에서 악한 일에는 동참하지 말고

거짓말과 속이며 미워하는 일들에 대해

단호하게 거부할 수 있는 힘을 주소서.

당장의 유익과 결실을 보며 그것에 유혹 당하지 않게 하시고

그렇게 해서 결코 성공할 수 없으며

주의 뜻이 이루어지지 않음을 믿게 하소서

주님, 저는 언제나 주의 은혜를 힘입어 주 앞에 나옵니다.

이것을 감사하게 하시고 보다 경외하는 마음으로

주님을 바라보며 겸손히 엎드리게 하소서.

하나님이 저를 보실 때 언제나 바른 길로 인도하시고

세상의 평가에 귀 기울이지 않게 하소서.

제가 나아가는 하루의 길은

언제나 제가 앞서는 것이 아니고 주님이 앞서는 길입니다.

오늘도 내 경험으로 길을 선택하지 말고

주님이 친히 열어주시는 환한 길을 선택하게 하시고

주님이 가시는 길을 그저 순종하며 따라가게 하소서.

예수님의 이름으로 기도드립니다. 아멘.

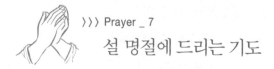

설 명절에 드리는 기도

역사를 인도하시는 사랑의 주님!

설 명절로 새롭게 한해를 시작하게 하심을 찬양합니다.

온 가족이 이렇게 모여 한 마음으로

주님께 예배하게 하심을 감사드립니다.

오늘도 이 예배를 통하여 온 가족이 말씀으로 하나되고

다시 마음을 새롭게 함으로 변화를 받아

우리 가족에게 향하신 뜻을

새롭게 발견하여 새해를 시작하게 하소서.

이 가족 예배와 모임이 주님의 사랑과

가족 간의 사랑을 깊게 느끼는 시간이 되게 하소서.

가정을 세우신 주님,

우리를 구원하신 주님을 찬송합니다.

사망과 죽음을 이기고 부활의 은혜를 주신 주님,

구원받은 은혜를 늘 기억하며 감사하게 하소서.

하루의 삶이 힘들 때마다
우리의 속사람에 집중하게 하시고
마음을 새롭게 함으로 변화받는 삶이 되게 하소서.
이미 주신 생명의 역사를
삶의 자리에서 드러내는 하나님의 가족이 되게 하소서.

설 명절을 통해 우리 가족이 새롭게 성장하고
구원의 감격을 얻는
행복한 영적 갱신을 이루는 가족이 되게 하소서.
예수님의 이름으로 기도드립니다. 아멘.

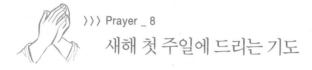
새해 첫 주일에 드리는 기도

이 세상을 창조하시고 우리의 길을 운행하시는 하나님!

보시기에 좋은 그 아름다움을 찬양합니다.

새해 첫 주일을 맞이했습니다.

첫 출발을 예배로 시작하게 하시고

하나님의 말씀으로 시작하게 하심을 감사드립니다.

오늘 감사함으로 드리는 예배를 받아주시고

이번 한해를 축복해주소서.

주여, 원하옵기는 이번 한해

주님의 은혜를 많이 알고 체험하는 축복을 주소서.

아름다운 세상을 창조하시고 지금까지 세상을 지켜주시는

하나님을 신뢰하게 하시고 감사하게 하소서.

세상에 일어나는 모든 일이 우연한 것이 아니고

하나님의 계획 속에서 일어나는 것임을 늘 알게 하소서.

하나님이 주시는 말씀을 통해

오늘도 새롭게 세상을 창조하시는 것을 믿게 하소서.

무엇보다 하나님이 주신 약속의 말씀을 믿게 하시고

그 말씀에 순종하는 마음을 주소서.

하나님의 말씀이 분명히 성취되는 것처럼

우리 모두에게도 하나님의 꿈이 분명히 이루어짐을 믿게 하소서.

날마다 말씀을 통해 신뢰하는 사람으로 변화되게 하시고

창조의 하나님이 늘 함께하심을 믿고

언제 어디서든지 흔들리지 않게 하소서.

몸 된 교회를 세워주셔서 지금까지 인도하심을 감사드립니다.

주님을 닮아가는 교회가 되게 하시고

오직 주님만 의뢰하며 그가 이루시는 교회가 되게 하소서.

서로 교제하고 소통하며 말씀으로 주님의 마음과 생각을 닮은

그리스도의 장성한 분량에 이르는 교회가 되게 하소서.

복음의 지경과 은혜의 강물이 차고

이웃과 세상에까지 흘러가게 하소서.

그리스도를 믿었으니 그분을 더 알아가고

사랑하는 데 열정을 가지고 살게 하소서.

주님의 충만한 은혜로 즐거움을 얻어 살게 하시고

지혜로 충만하게 하소서.

예수님의 이름으로 기도드립니다. 아멘.

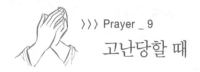

고난당할 때

환란과 고난 중에 위로자 되시는 하나님 아버지!

날마다 우리의 짐을 지시는 주님을 찬양합니다.

아무리 힘든 일이 있어도

오직 주님 안에 소망이 있음을 믿고 주님께 경배합니다.

힘들 때일수록 주님이 우리와 함께하심을 감사하게 하시고

감사의 은혜를 배우게 하소서.

지금 가정에 닥친 환란과 고난으로 아주 힘들어 하고 있습니다.

주님께서 위로하여주시고

고난 속에서 주님을 의지하는 담대한 믿음을 주소서.

우리가 여러 가지 시험으로 인해 잠깐 근심이 되지만

이것이 영원한 것이 아님에 감사하게 하시고

오히려 크게 기뻐하는 믿음을 가득 부어주소서.

이런 시련을 통하여

그동안 잘못된 죄악이 있으면 통회하고 자복하게 하소서.

주님의 말씀대로 살지 못한 게으름과 부족함을 내려놓고
새로운 믿음의 결단으로 영적으로 회복하는 시간이 되게 하소서.
당장은 하나님의 뜻을 알 수 없지만
더 큰 믿음을 주시기 위해
이런 고난이 주어진 줄로 믿고 감사하게 하소서.

이런 환란을 통하여 금보다 더 귀한 아름다운 믿음을
충만하게 허락하소서.
힘들수록 서로 사랑하게 하시며 화목하게 하시고
주님이 주시는 기쁨을 소유하게 하소서.

보이는 것보다 보이지 않는 영적 은혜를 사모하게 하시고
하늘의 지혜를 주시어 어려움을 능히 이길 수 있게 하소서.
"내가 항상 너희와 함께 하리라"는 말씀을 의지하고
승리를 체험하게 하소서.
예수님의 이름으로 기도드립니다. 아멘.

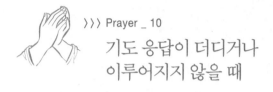
기도 응답이 더디거나
이루어지지 않을 때

천지를 창조하신 하나님!

주님은 어제나 오늘이나 영원토록 신실하신 분임을 믿습니다.

하지만 주님, 저에게 오랫동안 아무런 응답이 없으시고

아무리 기도해도 침묵하시는 이유가 무엇입니까?

왜 저를 돕지 않으시고 이렇게 고난을 당하게 하십니까?

영원토록 나와 함께하시는 하나님이심을 믿고 지금까지 살았는데

왜 지금은 아무런 말씀이 없으시고

환란이 여전히 나를 감싸고 있습니까?

나의 하나님이여, 어찌하여 나를 버리시고

어찌하여 나를 멀리 하시고 나를 돕지 아니하십니까?

주님은 지금 나의 당한 고난과 고통을 알고 계십니까?

왜 주님은 내 신음과 탄식 소리를 듣지 아니하십니까?

나의 하나님이여,

제가 낮에도 부르짖고 밤에도 주님을 부르는데도

주님은 아무런 응답이 없으신 이유를 알 수 없습니다.

나의 고난을 아시는 주님, 더 이상 숨지 마시고

이제는 나타나 하나님을 저에게 보여주소서.

이런 속에서도 끝까지 주님을 신뢰하게 하소서.

하지만 저는 믿습니다.

감사와 찬송 중에 거하시는 주님,

주는 거룩하고 신실하심을.

성경에 나오는 믿음의 선진들을 보면 한결같이 주께 의뢰하였고

소망이 보이지 않아도 끝까지 의뢰하였습니다.

결국 주님은 우리를 건지셨음을 알고 있습니다.

믿음의 선진들은 주께 부르짖어 결국 구원을 얻었고

주께 의뢰하여 결국 수치를 당하지 아니하였습니다.

주님, 저에게도 이런 응답을 주실 줄 믿습니다.

어떤 경우에도 주님을 신뢰하고 따르게 하소서.

하나님은 흑암에도 계시고 빛 가운데도 계시는 분임을 믿습니다.

어떤 경우에도 주님을 끝까지 따르게 하소서.

예수님의 이름으로 기도드립니다. 아멘.

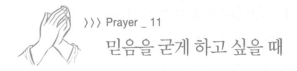

믿음을 굳게 하고 싶을 때

나를 구원하시고 응답하시는 주님!
어려운 세상과 고난과 환란 속에서
주님을 믿고 따른다는 것이 쉽지 않습니다.
하지만 말씀을 통하여 믿음을 갖게 하소서.
어제나 오늘이나 동일하신 하나님이
오늘 나의 고통을 아실 줄 믿습니다.
응답이 없어도 끝까지 주님을 신뢰하면
주님은 결코 나를 버리지 않으실 줄 믿습니다.

간절히 원하옵기는
아무 응답이 없어도 기도하게 하시고
문제가 해결되지 않아도 주님을 신뢰하게 하소서.
그래서 오직 주님만이 나의 만족이 됨을
침묵하시는 주님을 통해 더욱 확신하게 하소서.
주님의 현존을 보이는 것을 통해 보지 못해도
보이지 않는 영이신 하나님을 통해 보게 하소서.

주님은 저의 든든한 방패와 같으신 분입니다.

누구도 저를 헤치지 못하고

누구도 저를 무너뜨릴 수 없습니다.

그것은 주님이 저의 방패가 되어주시기 때문입니다.

다른 이들은 나를 지키지 못해도

주님은 나를 지켜주실 줄 믿습니다.

주를 믿는 저에게 오늘도 복을 내려주소서.

주님은 제가 부르짖을 때 분명히 응답해주시는 분이십니다.

오늘도 저는 주님만을 의지하며 주님을 바라봅니다.

오늘 하루도 주께서 온전히 지켜주소서.

누가 보아도 떳떳한 하루가 되게 하시고

주님을 위해 저를 회복시켜 주소서.

눈에 보이지 않아도 주님은 한결같이 저를 보살피고 계십니다.

이런 하나님을 보도록 영의 눈이 열리게 하소서.

그리하여 기이한 빛을 보게 하소서.

어린아이 같은 순수한 마음을 주셔서

어떤 경우에도 주님을 사랑하며 따르게 하소서.

예수님의 이름으로 기도드립니다. 아멘.

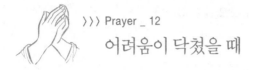

어려움이 닥쳤을 때

우리의 피난처 되신 주님!

오늘도 주님의 말씀을 묵상하며 기도합니다.

주님, 주께로 피신하는 사람은

누구나 기뻐하고 길이길이 즐거워할 것입니다.

주의 이름을 사랑하는 사람들이

주님 앞에 기쁨을 누리도록

주께서 그들을 지켜주실 것입니다

주님, 주께서는 바르게 살아가는 사람에게

복을 베풀어주시고

큼직한 방패처럼 그들을 은혜로 지켜주십니다

사랑의 주님,

오늘도 어려움이 생길 때마다 사람을 찾지 말게 하시고

먼저 하나님을 찾게 하소서.

주님께 피하는 자는 누구나 기뻐하고

길이길이 즐거워할 것이라는 말씀을 믿게 하소서.

"주여 주여" 부르면서 막상 힘이 들 때는 세상을 의지하는
이중적인 믿음을 제거해주시고
일편단심 오직 주님에게만 의지하게 하소서.
사람 앞에서가 아닌 주님 앞에서 기쁨을 누리게 하시고
권세나 재물이 나를 지켜주는 것이 아니라
주님이 나를 지켜주시는 것임을 조금도 의심하지 말게 하소서.

주님은 악하게 사는 사람을 멸하시고
바르게 사는 사람에게는 복을 주시는 분이심을 믿습니다.
매일 살아가면서 언제나 바르게 사는 법을 터득하게 하시고
아울러 바른 길을 가는 데 필요한 담대한 용기를 주소서.
결국에는 바른 길이 승리하는 길임을 확신하게 하시고
그런 자와 주님이 함께하심을 믿게 하소서.
큼직한 방패와 같은 주의 팔이 나를 안위하심을 믿습니다.

어떤 경우에도 두려워하지 말고
주님이 가르쳐주신 바른 길에서 벗어나지 않도록
날마다 저를 은혜로 도와주소서.
예수님의 이름으로 기도드립니다. 아멘.

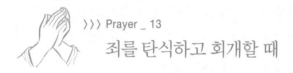

죄를 탄식하고 회개할 때

구원과 용서의 주님!

연약한 저를 용서하시고 자비를 베풀어주소서.

육신이 연약하여 하나님 앞에 죄를 범했습니다.

주님, 제게 노하지 마십시오.

진노하지 마십시오.

저를 징계하지 마십시오.

주님, 내 기력이 쇠하였으니

내게 은혜를 베풀어주십시오.

내 뼈가 떨리니 저를 고쳐주십시오.

저는 탄식만 하다가 지치고 말았습니다.

밤마다 짓는 눈물로 침상을 띄우며 잠자리를 적십니다.

내 마음은 걷잡을 수 없이 떨립니다.

주님, 돌아와주십시오.

내 생명을 건져주십시오.

주의 자비로우심으로 저를 구원하여 주십시오.

주님, 저도 모르게

아니면 욕심에 이끌려 지었던 저의 죄악을 이 시간 회개합니다.

주님, 용서하소서.

주님이 용서하시지 않으면

저는 그 죄악에 눌려 죽게 될 것입니다.

이렇게 회개하오니 나에게 노하지 마소서.

진노하지 마시고 저를 징계하지 마소서.

죄에 눌려 더 이상 일어날 힘이 없습니다.

죄책감에 눌려 모든 기력과 의욕을 상실하고 말았습니다.

주님, 내게 자비로운 은혜를 베풀어주소서.

지은 죄를 생각하면 나도 모르게 뼈가 떨리며

내가 왜 그렇게 했는지 너무나도 후회스럽습니다.

이대로 내버려 두지 마시고 저를 구원해주소서.

나에게 용서의 확신을 주소서.

그리고 다시 시작하게 하소서.

십자가 보혈의 은혜로 저를 일으켜 세워서

주의 일에 크게 사용하여 주소서.

예수님의 이름으로 기도드립니다. 아멘.